Gunther Schmida

Regenbogenfische

Fotos: Gunther Schmida
Zeichnungen: Renate Holzner

TYPISCH
REGENBOGENFISCHE

- Interessantes Verhalten bei der Balz.

- Zwei Rückenflossen, die verschieden lang sind.

- Leicht zu züchten.

- Ansehnliche Beflossung.

- Auffällige Farben, Männchen in der Regel bunter und größer als Weibchen.

- Die meisten Arten mit grellfarbenem Balzstreifen.

- Friedfertig und gesellig.

- Gut für Gesellschaftsbecken geeignet.

- Können die Farben ihrer Schuppen in Bruchteilen von Sekunden ändern.

Regenbogenfische stammen aus Gewässern aller Art in Australien, Neuguinea und einigen vorgelagerten Inseln. Dort sind sie häufig anzutreffen, oftmals stellen sie den Hauptanteil der lokalen Fischfauna dar. Obwohl die erste bekanntgewordene Art der Regenbogenfische schon seit über 70 Jahren in Aquarien gepflegt und gehalten wird, konnten diese schönen Fische nicht die Popularität anderer Zierfische erreichen. Durch Neuentdeckungen in den letzten 25 Jahren hat sich diese Einstellung weitgehend geändert. Einige der schönsten Zierfische bereichern seither unsere Aquarien.

ENTSCHEIDUNGSHILFEN

1 Regenbogenfische sind leicht zu züchten und laichen selbst im Gesellschaftsaquarium. Die Jungfische überleben in einer solchen Situation jedoch nur selten.

2 Die Aufzucht der Jungfische bereitet auch dem Anfänger keine allzugroßen Schwierigkeiten, wenn sie in einem gesonderten Becken gehalten werden.

3 Regenbogenfische stellen keine besonderen Ansprüche an Wasserhärte oder pH-Wert. Trotzdem muß regelmäßig das Wasser gewechselt werden.

4 Einige Arten sind auch für die Haltung bei kühleren Temperaturen geeignet.

5 Regenbogenfische sind robuste Fische, die unter normalen Haltungsbedingungen selten krank werden.

6 Es gibt Regenbogenfische in verschiedenen Größen. Deshalb ist für jedes Aquarium etwas dabei.

7 Manche Arten können recht alt werden und im Aquarium 6 Jahre oder länger leben.

8 Sie nehmen gierig jedes Flocken- oder andere käufliche Futter auf, sollten aber ab und zu auch Lebendfutter erhalten.

9 Sie wollen im kleinen Schwarm gepflegt werden und fühlen sich auch in der Gesellschaft anderer Fischarten wohl.

10 Sie sind sehr widerstandsfähig und nehmen Experimente in der Haltung und Pflege nicht übel.

In den meist recht kahlen Verkaufsbecken des Fachhandels wird man kaum Hinweise auf die wahre Farbenpracht der Regenbogenfische bekommen. Diese leider enttäuschende Tatsache stand ihrer Popularität lange Zeit im Wege. Hinzu kommt, daß sie im Vergleich zu vielen anderen Fischen recht langsam wachsen, und daß man ein bis zwei Jahre warten muß, bis man sich an ihrer wahren Schönheit im Aquarium ergötzen kann. Diese Wartezeit wird am Ende aber belohnt. Jeder der einmal balzende Regenbogenfisch-Männchen, gleich welcher Art, in ihrer Farbenpracht gesehen hat, wird dieses Schauspiel nicht vergessen.

Um Ihnen eine Vorstellung davon zu vermitteln, werden in diesem Ratgeber in erster Linie Fotos gezeigt, die das Balzverhalten zum Inhalt haben. Trotz bester Materialien und Technik kann dies aber nur ein Hinweis auf die tatsächlichen Vorgänge sein. Ein Foto steht leider still. Sie müssen diese Fische selbst in Aktion sehen!

ARTEN UND NATÜR-LICHER LEBENSRAUM

Wenn man große Arten wie Rote, Boesemans oder Pracht-Regenbogenfische erstmals im Schau-becken eines Fachhändlers oder bei einem befreundeten Aquarianer sieht, hinterlassen sie einen bleibenden Eindruck. Meist dauert es nicht allzulange, bis diese Fische dann auch zu Hause schwimmen.

Wie Regenbogenfische entdeckt wurden

Als der englische Wissenschaftler John Richardson im Jahre 1843 den ersten Regenbogenfisch aus einem Gewässer bei Port Essington auf der Coburg-Halbinsel, Australien, beschrieb, nannte er ihn *Atherina nigrans* und stellte ihn zu den Ährenfischen.

1862 erkannte der amerikanische Fischforscher Thomas Gill als erster, daß diese Art nicht zu den eigentlichen Ährenfischen gehört, und er stellte sie in eine neue Gattung *Melanotaenia*, was soviel wie schwarzer Streifen bedeutet. Es war wiederum Gill, der die Gattung *Melanotaenia* einer eigenen Unterfamilie - *Melanotaeniinae* - zuordnete.

Im Laufe der Zeit wurden weitere Regenbogenfischarten entdeckt und beschrieben. Aber erst im Jahre 1964 gab der australische Wissenschafter Ian Munro den Regenbogenfischen den Status einer eigenen Familie, der *Melanotaeniidae*.

Zwei imponierende Männchen des Pracht-Regenbogenfisches (M. trifasciata) vom Pappan Creek, Cape-York-Halbinsel. 15 cm.

Dr. Gerald Allen, Kurator für Fische am West-australischen Museum in Perth, ist es zu verdanken, daß die jahrelange Unklarheit über die Zugehörigkeit vieler Arten und ihre exakten wissenschaftlichen Namen ein Ende fand. Er hatte 1974 eine neue Regenbogenfischart im tropischen Australien entdeckt, und diese erweckte seine Neugier. Schon bald bereiste er nicht nur Australien, sondern auch die nördlich davon liegende Insel Neuguinea. Die zweitgrößte Insel der Erde gilt auch heute noch als weitgehend unerforscht. Es ist deshalb kaum ein Wunder, daß die meisten neu beschriebenen Regenbogenfischarten der letzten annähernd 30 Jahre von dort stammen. Der größte Anteil dieser neu entdeckten Fische geht auf das Konto von Dr. Allen.

Wo bekommt man Regenbogen-fische?

Die meisten der bisher bekannten Arten Neuguineas sind in gut sortierten Zoofachgeschäften in Europa erhältlich. Etwas schlechter sieht es mit australischen Arten aus, da die dortigen Behörden leider eine kommerzielle Ausfuhr von Lebewesen aller Art weitestgehend untersagen. Viele dieser Arten erreichen Europa und die

USA deshalb über den Luftpost-Versand in Form befruchteter Eier. Zu diesem Zweck werden die Eier zusammen mit etwas Laichsubstrat in kleine Glasgefäße, sogenannte Phiolen, gebracht. Mit Styropor ummantelt gehen sie dann auf die Reise.

Um an weniger gängige Regenbogenfischarten zu kommen, empfehle ich Ihnen, Mitglied der Internationalen Gesellschaft für Regenbogenfische (IGR) zu werden (Adresse → Seite 62). Viele Mitglieder dieser Gesellschaft sind eifrig mit der Beschaffung neuer Arten und deren Verbreitung für Hobbyaquarianer beschäftigt.

Wissenswertes zum Kauf

Lassen Sie sich nicht irritieren, wenn die Fische im Zoofachhandel keine große Farbenpracht aufweisen. Meist handelt es sich um Jungfische,

die die arttypischen Farben erst mit der Zeit entwickeln. Zudem mögen es Regenbogenfische nicht, in kahlen Becken zu leben, wo sie dauernd gestört werden.

Haben Sie bereits ein Aquarium, so bestimmt dessen Größe, welche Regenbogenfischart Sie kaufen. Als Faustregel kann gelten, daß die Beckenlänge mindestens das Zehnfache der Körperlänge der ausgewachsenen Fische betragen sollte. Außerdem sollten Sie bedenken, daß Regenbogenfische Schwarmfische sind und immer in Gruppen von etwa 8 bis 10 Tieren gehalten werden sollten.

Diese Fische sollten Sie nicht kaufen

Bevor Sie sich zum Kauf entschließen, ist es gut, die Fische längere Zeit beim Händler zu beobachten.

Verzichten Sie auf den Kauf, wenn

✔ sich in einem Schaubecken noch Fische befinden mit Anzeichen einer Krankheit, wie Weißpünktchen- oder Weißmaulkrankheit sowie Flossenfäule (→ Seite 47),

✔ Fische an der Oberfläche nach Sauerstoff schnappen und auch in der Wassermitte schnell atmen,

✔ ihre Kiemendeckel abgespreizt erscheinen,

✔ die Kiemen an der Kehle sichtbar sind,

✔ das Maul dauernd offen steht, innen gerötet ist oder einen watteähnlichen Belag zeigt,

✔ die Kehle rötlich erscheint,

✔ Fische wunde Stellen auf dem Körper oder am Kopf haben,

✔ Flossen stark beschädigt, unvollständig sind oder gar fehlen,

✔ Flossen entzündet sind,

Nach dem Kauf zum Angleichen der Wassertemperaturen den Transportbeutel in das Aquarium legen.

✔ Kiemendeckel teilweise oder ganz fehlen,
✔ Fische abgemagert sind und einen eingefallenen Bauch haben,
✔ die Wirbelsäule gebogen, verkrümmt ist,
✔ Würmer an der Kehle oder aus dem After der Fische hängen,
✔ Fische taumeln und auf einer Körperhälfte oder auf Teilen davon schwärzlich verfärbt sind.
Regenbogenfische mit den genannten Anzeichen sind meist Todeskandidaten. Fische mit Verkrümmungen oder fehlenden Körperteilen sind zwar lebensfähig, sollten jedoch auf keinen Fall zur Zucht verwendet werden.

Das Einsetzen

Auch wenn Ihre neu erworbenen Fische optisch einwandfrei aussehen, sollten Sie sie zu Hause erst einmal in ein Quarantänebecken setzen. Dadurch verhindern Sie, daß Sie unbemerkt Krankheiten einschleppen.
Beim Einsetzen gehen Sie so vor:
✔ Legen Sie den Transportbeutel eine Weile in das Aquarium, damit sich die Wassertemperaturen angleichen können.
✔ Messen Sie den pH-Wert im Beutel und im Becken.
✔ Lassen Sie nach und nach, mit längeren Pausen, Wasser aus dem Aquarium in den Beutel laufen.
✔ Waren die pH-Werte annähernd gleich, können die Fische nach etwa 20 bis 30 Minuten ins Becken entlassen werden.
✔ Bei größeren Unterschieden muß die Eingewöhnung länger dauern, und die Fische sollten unter Beobachtung bleiben.
✔ Schenken Sie Ihren Neulingen einige Tage mehr Aufmerksamkeit als gewöhnlich.

TIP

Rechtsfragen zum Aquarium

Mietrecht: Auch wenn Haustiere im Mietvertrag ausdrücklich verboten sind, dürfen Sie Zierfische im Aquarium halten. Sie müssen allerdings Sorge tragen, daß keine Schäden an der Wohnung oder an der Bausubstanz des Hauses entstehen. Der Vermieter darf den Abschluß einer Aquarium-Haftpflichtversicherung fordern.
Versicherung: Gegen Wasserschäden können Sie sich versichern. Eine Beckenhaftpflicht- oder Eigenschadenversicherung bieten viele Aquarienvereine an. Sie müssen allerdings Mitglied im Verein sein.
Kaufrecht: War ein Fisch zum Zeitpunkt des Kaufes bereits krank, muß ihn der Zoofachhändler zurücknehmen oder den Preis nachlassen. Für den Käufer ist es schwierig, den Tatbestand der Krankheit nachzuweisen. Am besten einen erfahrenen Tierarzt zu Rate ziehen. Wollen Sie Ihr Gewährleistungsrecht geltend machen, muß dies innerhalb von 6 Monaten nach dem Kauf geschehen.
Kinder unter 16 Jahren dürfen ohne Erlaubnis eines Erziehungsberechtigten keine Fische kaufen. Der Händler muß gegebenenfalls die Tiere zurücknehmen und den Kaufpreis erstatten.
Tierschutz: Mit dem Erwerb von Fischen verpflichten Sie sich, die Tiere artgerecht zu halten.
Tierkörperbeseitigung: Verendete Fische dürfen zum Beispiel im Garten vergraben werden. Zierfische fallen nicht unter das Tierkörperbeseitigungsgesetz.

Wo leben Regenbogenfische?

Regenbogenfische kommen in ihrer Heimat in allen Arten von Gewässern vor. Dort sind sie oft nicht nur die häufigsten, sondern auch die einzigen sichtbaren Vertreter der Unterwasserwelt. Weitaus die meisten Arten leben in Urwaldbächen oder Flüssen mit weichem Wasser, dessen pH-Wert im sauren Bereich liegt und das von Huminsäuren häufig bräunlich gefärbt ist. Das bedeutet jedoch nicht, daß man diesen Regenbogenfischarten solche Bedingungen auch im Aquarium bieten muß. Regenbogenfische sind an wechselnde Umstände angepaßt, denn auch in der Natur können sich die Wasserwerte nach einem starken Regenguß schlagartig ändern. Die Erfahrung hat auch gezeigt, daß viele Arten im Aquarium besser in härterem Wasser mit höherem pH-Wert zu pflegen sind.

Der Brisbane Fluß mit starken Beständen der Ottelie - Lebensraum des Großen Regenbogenfisches (M. duboulayi).

Die Gattungen der Regenbogenfische

Die Familie *Melanotaeniidae* wird gegenwärtig in 6 Gattungen mit insgesamt 61 Arten eingeteilt.

✔ Die australische Gattung *Cairnsichthys* soll nach genetischen Untersuchungen den Blau-Augen (Familie *Pseudomugiliidae*) näherstehen, wird aber in diesem Buch noch zu den Regenbogenfischen gerechnet.

✔ Die Gattung *Chilatherina* ist mit 10 Arten hauptsächlich nur nördlich des Zentralgebirges in Neuguinea verbreitet. Nur eine Art kommt auch in einem kleinen Gebiet südlich davon vor.

✔ Auch die Gattung *Glossolepis* bewohnt nur den nördlichen Teil Neuguineas. Wie Chilatherina kommt sie in Gewässern aller Art vor. Bisher sind 6 Arten bekannt.

✔ Zur Gattung *Iriatherina* gehört die einzige Art Fadenflossen-Regenbogenfisch (*Iriatherina werneri*). Sie unterscheidet sich von allen anderen Regenbogenfischen durch den zart erscheinenden Körperbau und die lang ausgezogenen Strahlen in der zweiten Rückenflosse, After- und Schwanzflosse sowie durch die segelartige erste Rückenflosse.

✔ Wie die Gattung *Iriatherina* leben die zahlreichen Arten der Gattung *Melanotaenia* in Neuguinea und in Australien; dort kommen 10 der 42 Arten vor. Diese Gattung läßt sich durch Unterschiede im Aussehen in 5 leicht erkennbare Gruppen einteilen.

Tropisches Savannengewässer – Lebensraum des Westlichen Großflossen-Regenbogenfisches (M. splendida australis).

✔ Zur australischen Gattung *Rhadinocentrus* gehört bislang nur die sehr variable Art Juwelen-Regenbogenfisch (*Rhadinocentrus ornatus*). Sie hat eine sehr beschränkte Verbreitung an der Ostküste des Kontinents.

Einen Balzstreifen (→ Zeichnung, Seite 26) zeigen alle Mitglieder der Gattungen *Chilatherina, Glossolepis, Iriatherina* und *Rhadinocentrus*. In der Gattung *Melanotaenia* kommt er bei den meisten Arten vor.

Die Arten im Aquarium

Die einzelnen Arten sind nach Gattungen alphabetisch gegliedert. Die Arten innerhalb der Gattung *Melanotaenia* sind nach ihrer natürlichen Verwandtschaft gruppiert.

Die deutschen Namen der meisten Arten orientieren sich an Dr. Allen. Einige ältere Namen werden wieder benutzt, andere prägte ich, um die Fische besser zu charakterisieren.

Die wissenschaftlichen Namen entsprechen dem neuesten Stand.

Cairns-Regenbogenfisch

Cairnsichthys rhombosomoides (→ Seite 17)
Größe: Bis 10 cm.
Verbreitung: In Bergbächen zwischen den Orten Cardwell und Cairns in Nordost-Australien.
Temperatur: 18-25° C.
Pflege: Anfällig gegen Schock, aber nach Eingewöhnung recht ausdauernd. Liebt lange Becken. Friedlicher Allesfresser, Lebend- und Gefrierfutter sind anzuraten. Schwarmfisch.

Axelrods Regenbogenfisch

Chilatherina axelrodi
Größe: Bis 12 cm.
Verbreitung: Nur von Waldbächen in einem kleinen Gebiet im Norden Papua-Neuguineas nahe der Grenze zu Westirian bekannt.
Temperatur: 24-27° C.
Pflege: Einfach, stellt keine Ansprüche an Futter und Wasser. Schwarmfisch, benötigt Becken von mindestens 1 m Länge. Gut in Gesellschaft mit anderen friedlichen Fischen.

Blehers Regenbogenfisch

Chilatherina bleheri (→ Seite 17, 53)
Größe: Bis 14 cm.
Verbreitung: Nur von Danau Bira (Holmes-See) im unteren Mamberamo-Flußsystem, Westirian, bekannt.

Temperatur: 25-28° C.
Pflege: Einfach, stellt keine besonderen Ansprüche. Lebhafter Schwarmfisch, der gut mit anderen Fischen auskommt, aber wegen seiner Größe geräumige Becken braucht.
Besonderes: Die Männchen sind sehr variabel gefärbt.

Bulolo-Regenbogenfisch

Chilatherina bulolo (→ Seite 2)
Größe: Bis 9 cm.
Verbreitung: Lebt im Markham- und im Ramu-Flußsystem in Nordost-Neuguinea in rasch fließenden Gewässern.
Temperatur: 22-26° C.
Pflege: Gilt als schwierig. Benötigt lange Becken mit Strömung. Lebhaft. Lebend- und Gefrierfutter sind wichtig. Gut in Gesellschaft mit ebenfalls lebhaften Fischen.

Hochland-Regenbogenfisch

Chilatherina campsi (→ Seite 16)
Größe: Bis 9 cm.
Verbreitung: An den Oberläufen der Flüsse Markham, Ramu, Sepik und Purari im Hochland von Papua-Neuguinea.
Temperatur: 23-25° C.
Pflege: Einfach, stellt keine besonderen Ansprüche. Lebhafter Schwarmfisch, der gut in Gesellschaft mit anderen Arten lebt.

Gestreifter Regenbogenfisch

Chilatherina fasciata (→ Seite 17)
Größe: Bis 14 cm.
Verbreitung: Im Gebiet zwischen dem Markham- und dem Mamberamo-Fluß im Norden Neuguineas. Bewohnt Gewässer aller Art.
Temperatur: 26-32° C.
Pflege: Einfach, stellt keine besonderen Ansprüche. Sollte nur in geräumigen Becken gehalten werden. Friedlicher Schwarmfisch.

Roter Regenbogenfisch

Glossolepis incisus (→ Seite 44, 52, 56)
<u>Größe:</u> Bis 15 cm.
<u>Verbreitung:</u> Lebt im Sentani-See und in den Zuläufen nahe der Stadt Jayapura im Nordosten von Westirian.
<u>Temperatur:</u> 22-28° C.
<u>Pflege:</u> Einfach, sollte aber wegen seiner Größe nur in Becken von mindestens 600 l Inhalt gehalten werden. Allesfresser. Schwarmfisch. Gut im Gesellschaftsbecken.
<u>Besonderes:</u> Wenn zu warm gehalten, zeigt meist nur das stärkste Männchen die rote Prachtfärbung. Die anderen Männchen sind rotbraun. Bei Temperaturen um 22° C sind alle Männchen in der Regel rot, die Weibchen silbrig mit gelbem Anflug.

Gefleckter Regenbogenfisch

Glossolepis maculosus (→ Seite 17)
<u>Größe:</u> Bis 7 cm.
<u>Verbreitung:</u> In langsam fließenden Bächen und dicht bewachsenen Teichen im Markham- und Ramu-Flußsystem, im Norden Papua-Neuguineas.

<u>Temperatur:</u> 25-28° C.
<u>Pflege:</u> Leicht. Liebt dicht bepflanzte Aquarien. Friedlicher Allesfresser, der gut mit anderen kleineren Fischen vergesellschaftet werden kann.

Sepik-Regenbogenfisch

Glossolepis multisquamatus (→ Seite 1)
<u>Größe:</u> Bis 14 cm.
<u>Verbreitung:</u> Im Gebiet des Ramu- und Sepik-Flusses, besonders in Sümpfen, Teichen und Seen des Tieflandes.
<u>Temperatur:</u> 26-30° C.
<u>Pflege:</u> Einfach, sollte aber nur in Großbecken gehalten werden.

Fransenflossen-Regenbogenfisch

Glossolepis cf. multisquamatus (→ Seite 17)
<u>Größe:</u> Bis 12 cm.
<u>Verbreitung:</u> Bisher nur aus dem Kli-See im Mamberamo-Flußsystem im Norden Westirians bekannt.
<u>Temperatur:</u> 25-28° C.
<u>Pflege:</u> Einfach. Friedlicher Schwarmfisch ohne besondere Ansprüche.

Wanam-See-Regenbogenfisch

Glossolepis wanamensis (→ Seite 9)
<u>Größe:</u> Bis 15 cm.
<u>Verbreitung:</u> Nur vom Wanam-See nahe dem Ort Lae, Nordost-Neuguinea, bekannt.
<u>Temperatur:</u> 28-30° C.
<u>Pflege:</u> Einfach. Ruhiger, anspruchsloser Schwarmfisch für größere Becken mit guter Bepflanzung. Allesfresser.
<u>Besonderes:</u> Die Arten *Glossolepis wanamensis*, *G. cf. multisquamatus* und *G. multisquamatus* scheinen nahe miteinander verwandt zu sein.

Der Wanam-See-Regenbogenfisch kann bis 15 cm groß werden.

IM PORTRÄT:
REGENBOGENFISCHE

Regenbogenfische kommen in 6 Gattungen mit insgesamt 61 Arten in Australien und Neuguinea vor. Da immer noch neue Arten gefunden werden, wird sich diese Zahl in Zukunft sicher ändern.

Foto oben: Durch seine lang ausgezogenen Flossen hebt sich der Fadenflossen-Regenbogenfisch von seiner Verwandtschaft ab. 5 cm.

Foto oben: Männchen des Hochland-Regenbogenfisches in Prachtfärbung. 7 cm.

Foto rechts: Der Tebera-See-Regenbogenfisch gehört zu den prächtigsten Arten. 8 cm.

...

Foto links: Männchen des Fransenflossen-Regenbogenfisches aus dem Kli-See. 10 cm.

Foto oben: Cairns-Regenbogenfisch ist ein Bewohner rasch fließender Berg-bäche. 8 cm.

Foto rechts: Die Färbung der Männchen von Blehers Regen-bogenfisch kann unterschiedlich intensiv sein. 10 cm.

Foto links: Der Gestreifte Regenbogen-fisch ist im Norden Neu-guineas weit verbreitet. 10 cm.

Foto unten: Der Gefleckte Regenbogenfisch wird nur 6 cm groß.

Ramu-Regenbogenfisch

Glossolepis ramuensis
Größe: Bis 8 cm.
Verbreitung: In Waldbächen im Ramu- und Go-gol-Flußtal, im Norden Papua-Neuguineas.
Temperatur: 25-28° C.
Pflege: Einfach, sollte aber als schwimmfreudige Art in größeren Becken gehalten werden. Friedlicher Allesfresser.

Fadenflossen-Regenbogenfisch

Iriatherina werneri (→ Seite 16, 19)
Größe: Bis 5 cm.
Verbreitung: In verkrauteten Teichen, abgeschnittenen Flußarmen und Sümpfen im südlichen Tiefland Neuguineas, in der nördlichen Hälfte der Cape-York-Halbinsel und stellenweise im Arnhem-Land in Nordaustralien.
Temperatur: 25-30° C.
Pflege: Einfach, allerdings sollte diese zierliche Art am besten allein oder mit kleinen Fischen gehalten werden. Friedlicher Allesfresser. Schwarmfisch, der dicht bepflanzte Becken liebt.

Nördlicher Regenbogenfisch

Melanotaenia affinis (→ Seite 25)
Größe: Bis 14 cm.
Verbreitung: In Gewässern aller Art vom Markham- bis zum Mamberamo-Flußsystem in Nord-Neuguinea.
Temperatur: 24-28° C.
Pflege: Leicht. Anspruchslose Art, die allerdings große Becken benötigt.

Arfak-Regenbogenfisch

Melanotaenia arfakensis (→ Seite 53)
Größe: Bis 10 cm.
Verbreitung: In Gewässern der Prafi-Ebene im Nordosten der Vogelkopf-Halbinsel, Westirian.
Temperatur: 24-28° C.

Pflege: Einfach. Anspruchsloser Allesfresser für mittelgroße Becken.

Boesemans Regenbogenfisch

Melanotaenia boesemani (→ Umschlagrückseite)
Größe: Bis 14 cm.
Verbreitung: Nur in den Seen Ayamaru, Hain und Aitinjo und ihren Zuläufen im Zentrum der Vogelkopf-Halbinsel, Westirian.
Temperatur: 25-28° C.
Pflege: Einfach, sollte aber nicht in Becken unter 600 l Inhalt gehalten werden. Allesfresser. Sehr lebhafter Schwarmfisch.

Sorong-Regenbogenfisch

Melanotaenia fredericki
Größe: Bis 12 cm.
Verbreitung: In kleinen Bächen nahe des Ortes Sorong im Nordwesten der Vogelkopf-Halbinsel, Westirian.
Temperatur: 25-28° C.
Pflege: Einfach in großen Becken. Friedlicher Allesfresser.

Goldie-Fluß-Regenbogenfisch

Melanotaenia goldiei (→ Seite 25)
Größe: Bis 14 cm.
Verbreitung: In Gewässern aller Art im südlichen Neuguinea.
Temperatur: 18-27° C.
Pflege: Einfach in großen Becken. Allesfresser. Friedlicher Schwarmfisch.

Tebera-See-Regenbogenfisch

Melanotaenia herbertaxelrodi (→ Seite 16)
Große: Bis 14 cm.
Verbreitung: Nur im Tebera-See und in dessen Zuläufen im südlichen Hochland von Papua-Neuguinea.
Temperatur: 21-24° C.

Pflege: Einfach. Anspruchsloser Schwarmfisch, der in Becken von mindestens 600 l Inhalt gehalten werden sollte. Lebhafter Allesfresser. Braucht genügend freien Schwimmraum.

Kutubu-See-Regenbogenfisch

Melanotaenia lacustris (→ Seite 21, 32, 37)
Größe: Bis 12 cm.
Verbreitung: Nur im Kutubu-See und in dessen Abfluß im südlichen Hochland von Papua-Neuguinea.
Temperatur: 20-25° C.
Pflege: Einfach. Anspruchsloser, sehr friedlicher Schwarmfisch. Allesfresser.

Lakamora-Regenbogenfisch

Melanotaenia lakamora (→ Seite 21)
Größe: Bis 7 cm.
Verbreitung: In den Seen Lakamora und Aiwaso im Südwesten von Westirian.

Temperatur: 24-28° C.
Pflege: Einfach. Friedlicher Schwarmfisch, der auch in kleineren Becken gehalten werden kann. Allesfresser.
Besonderes: Diese Art wurde erst 1995 im Gebiet der Triton-Seen im Südwesten von Westirian entdeckt.

Batanta-Insel-Regenbogenfisch

Melanotaenia cf. misoolensis (→ Seite 20)
Größe: Bis 10 cm.
Verbreitung: Waldbäche auf der Batanta-Insel, westlich der Vogelkopf-Halbinsel, Westirian, gelegen.
Temperatur: 22-28° C.
Pflege: Einfach. Anspruchsloser, friedlicher Schwarmfisch. Allesfresser.

Gebirgs-Regenbogenfisch

Melanotaenia monticola (→ Seite 20)
Größe: Bis 12 cm.
Verbreitung: In Gebirgsbächen im oberen Purari- und Kikori-Flußsystem im südlichen Hochland von Papua-Neuguinea.
Temperatur: 17-23° C.
Pflege: Einfach zu pflegende Art, die auch kühlere Temperaturen verträgt. Friedlich und anspruchslos.

Die Flossen des männlichen Fadenflossen-Regenbogenfisches (Iriatherina werneri) sind viel länger ausgezogen als beim Weibchen.

IM PORTRÄT:
REGENBOGENFISCHE

Regenbogenfische findet man in ihrer Heimat Australien und Neuguinea in allen Arten von Gewässern: in Bächen, Flüssen, Weihern und Seen vom Tiefland bis in größere Höhen.

Foto oben: Der Batanta-Insel-Regenbogenfisch ist ein friedlicher Schwarmfisch. 7 cm.

Foto oben: Der Gebirgs-Regenbogenfisch stammt aus Urwaldbächen des südlichen Hochlandes von Papua-Neuguinea. 8 cm.

Foto links: Der Fly-Fluß-Regenbogenfisch ist auch für kleinere Aquarien geeignet. 6 cm.

Foto rechts: Der Neon-Regenbogenfisch ist einer der aufregendsten Funde der letzten Jahre. 6 cm.

Foto rechts: Der Lakamora-Regenbogenfisch wurde erst 1995 im Triton-Seen-Gebiet im Süd-westen von Westirian ent-deckt. 5 cm.

Foto unten: Die Langblättrige Wasserähre ist im Norden und Nordosten Australiens behei-matet.

Fotos oben und rechts: Der Ku-tubu-See-Regen-bogenfisch kann in kürzester Zeit seine Färbung von Schwarz über Schwarz und Silber, Blau und Silber, Tür-kis und Gold bis Gold ändern.

Neon-Regenbogenfisch

Melanotaenia praecox (→ Seite 20)
Größe: Bis 6 cm.
Verbreitung: In schnell fließenden, kleinen Ur-
waldbächen im Mittellauf des Mamberamo-
Flußsystems im Norden Westirians.
Temperatur: 24-27° C.
Pflege: Anspruchslos, sollte aber eher in dunk-
leren Becken gehalten werden, weil die Färbung
dort besser zur Geltung kommt. Friedlicher
Schwarmfisch. Allesfresser.
Besonderes: Obwohl schon 1910 beschrieben,
wurde diese Art 1992 erstmals vorgestellt.

Fly-Fluß-Regenbogenfisch

Melanotaenia sexlineata (→ Seite 20)
Größe: Bis 7 cm.
Verbreitung: Bisher nur von Bächen am Oberlauf des Fly-Flusses nahe dem Ort Kiunga im
westlichen Papua-Neuguinea bekannt.

Temperatur: 22-25° C.
Pflege: Ein auch für kleinere Becken geeigneter,
anspruchsloser und friedlicher Schwarmfisch.

Pracht-Regenbogenfisch

Melanotaenia trifasciata (→ Umschlagvorderseite – kleines Bild, Seite 8, 24, 25, 36, 61)
Größe: Je nach Fundort 10-15 cm.
Verbreitung: Nordaustralien.
Temperatur: 24-28° C.
Pflege: Anspruchslos und friedlich, gut mit anderen nicht zu zierlichen Fischen zu vergesellschaften. Haltung in härterem Wasser, obwohl
die meisten Formen dieser Art aus weichen,
leicht sauren und pflanzenlosen Gewässern
stammen.
Besonderes: Bisher sind 26 Farbformen von
3 verschiedenen Typen bekannt, die sich in der
Körperform unterscheiden.

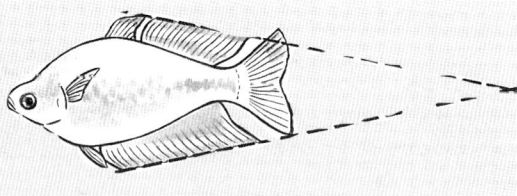

*Bei Großflossen-Regenbogenfischen der
Gruppe Melanotaenia splendida liegt der
Kreuzungspunkt einer gedachten Linie
des äußeren Umrisses der gespannten
2. Rückenflosse und Afterflosse sehr weit
hinter der Schwanzflosse.*

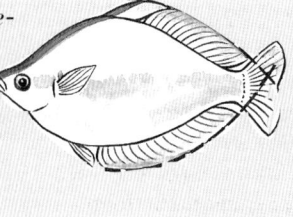

*Bei Regenbogenfischen der Gruppe Melanotae-
nia goldiei und Arten aus den Gattungen
Chilatherina und Glossolepis liegt der
Kreuzungspunkt einer gedachten Linie des
äußeren Umrisses der gespannten 2. Rückenflosse und Afterflosse in der Schwanzflosse
oder im Schwanzstiel.*

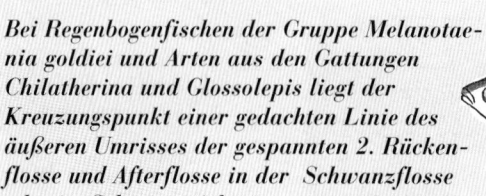

*Beim Zwergregenbogenfisch (Melanotaenia
maccullochi) ähnelt die Beflossung der
Goldiei-Gruppe. In beiden Geschlechtern
ist der hintere Flossensaum jedoch abgerundet, und Weibchen werden größer als Männchen.*

✔ Typ 1: Bis 12 cm lang. Männchen nehmen mit fortschreitendem Alter eine sehr hohe Körperform an. Vorkommen: Northern Territory, zwischen dem Mary-Fluß östlich bis zum nördlichen Bereich des Golfes von Carpentaria; Melville-Insel, nördlich von Darwin.

✔ Typ 2: Mindestens 15 cm lang. Männchen können sehr hoch werden. Vorkommen: In Gewässern westlich der Wasserscheide auf der Cape-York-Halbinsel.

✔ Typ 3: Männchen mit schlanker Körperform. Vorkommen: In Gewässern östlich der Wasserscheide auf der Cape-York-Halbinsel.

Doppelstreifen-Regenbogenfisch

Melanotaenia exquisita (→ Seite 24)
Größe: Bis 7 cm.
Verbreitung: Oberläufe der Süd-Aligator-, Daly- und Mary-Flußsysteme, Northern Territory, und im King-George-Fluß in Nordwestaustralien.
Temperatur: 22-27° C.
Pflege: Einfach in gut bepflanzten Becken. Friedlicher, anspruchsloser Schwarmfisch.

Waterfall-Creek-Regenbogenfisch

Melanotaenia cf. exquisita (→ Seite 24)
Größe: Bis 7 cm.
Verbreitung: Bisher nur vom Oberlauf des Waterfall-Creeks und Süd-Aligator-Flusses, Northern Territory, Australien, bekannt.
Temperatur: 22-25° C.
Pflege: Wie Doppelstreifen-Regenbogenfisch.
Besonderes: Sehr ähnlich dem Doppelstreifen-Regenbogenfisch. Die Männchen beider Arten unterscheiden sich aber in der Körperform und Färbung im Brutkleid.

Zierlicher Regenbogenfisch

Melanotaenia gracilis (→ Seite 25)
Größe: Bis 8 cm.
Verbreitung: Drysdale- und King-Edward-Fluß-systeme in der Kimberley-Region im Nordwesten Australiens.
Temperatur: 23-30° C.
Pflege: Wie Doppelstreifen-Regenbogenfisch.

Weißflossen-Regenbogenfisch

Melanotaenia pygmaea
Größe: Bis 6 cm.
Verbreitung: Nur von 2 Bächen im Prince-Regent-Flußsystem in der Kimberley-Region im Nordwesten Australiens bekannt.
Temperatur: 24-28° C.
Pflege: Wie Doppelstreifen-Regenbogenfisch.
Besonderes: Die Entdeckung dieser Art führte zu vielen Neuentdeckungen der vergangenen nahezu 30 Jahre.

Schwarzbinden-Regenbogenfisch

Melanotaenia nigrans (→ Seite 24, 26)
Größe: Bis 9 cm.
Verbreitung: Kommt in 4 weit voneinander liegenden Gebieten vor: östliche Kimberley-Region Westaustraliens, nördliches Northern Territory, Groote-Insel im Golf von Carpentaria und Spitze der Cape-York-Halbinsel.
Temperatur: 22-30° C.
Pflege: Wie Doppelstreifen-Regenbogenfisch.

Papua-Regenbogenfisch

Melanotaenia papuae
Größe: Bis 8 cm.
Verbreitung: Gewässer in der Umgebung von Port Moresby, Papua-Neuguinea.
Temperatur: 25-30° C.
Pflege: Wie andere Vertreter dieser Gruppe.
Besonderes: Wurde zunächst mit dem Fly-Fluß-Regenbogenfisch (*Melanotaenia sexlineata*) in eine Art gestellt.

IM PORTRÄT:
REGENBOGENFISCHE

Bei guter Wasserqualität im Aquarium zeigen sich Regenbogenfische immer im besten Kleid. Wasserwechsel regen die Fische zum Balzen und Laichen an.

Foto oben: Der Waterfall-Creek-Regenbogenfisch ist bisher nur aus dem Kakadu-Nationalpark bekannt. 6,5 cm.

Foto oben: Der Doppelstreifen-Regenbogenfisch ist ein anspruchsloser Schwarmfisch. 5 cm.

Foto oben: Zwei Männchen des Schwarzbinden-Regenbogenfisches präsentieren ihre aufgestellten Flossen. 6,5 cm.

Foto links: Schlanker Typ des Pracht-Regenbogenfisches vom Claudie River. Diese Art kommt noch in zwei hochrückigen Typen vor. 10 cm.

*Foto links: Der Zierliche Regenbogen-
fisch stammt aus der Kimberley-
Region Nordwestaustraliens. 7 cm.*

*Foto oben: Ein Männchen des Nörd-
lichen Regenbogenfisches. 10 cm.*

*Foto links: Ein Pärchen des Goldie-
Fluß-Regenbogenfisches von Port
Moresby, Papua-Neu-
guinea. 10 cm.*

*Foto rechts:
Porträt des
Pracht-Regen-
bogenfisches
vom Running
Creek, Cape-
York-Halb-
insel.*

*Foto rechts:
Die sehr
zerbrechliche
Ottelie ist nur
für größere
Becken
geeignet.*

TIP

Separate Haltung

Alle Unterarten des Großflossen-Regenbogenfisches (*Melanotaenia splendida*)
sollten unbedingt separat gehalten werden, um ein Vermischen der Stämme zu
vermeiden. Erwerben Sie deshalb von
vornherein nur Fische von Händlern und
Züchtern, die sich wirklich auskennen
und ihre Sache verstehen.

Zwerggregenbogenfisch

Melanotaenia maccullochi (→ Seite 28)
<u>Größe:</u> Je nach Herkunft 3-7 cm.
<u>Verbreitung:</u> Nordaustralien, Papua-Neuguinea.
<u>Temperatur:</u> 22-30° C.
<u>Pflege:</u> Einfach. Alle Formen sind anspruchslose
Schwarmfische. Bepflanzte Becken und Verge-
sellschaftung mit anderen Fischen ist ange-
bracht. Die nur 3 cm erreichende kleinste Form
vom Northern Territory ist auch mit kleinen
Becken zufrieden.
<u>Besonderes:</u> Es gibt verschieden aussehende
Formen in 4 weit voneinander getrennten Ge-
bieten. Ob es sich wirklich nur um eine Art
handelt, bleibt abzuwarten.
✔ Gebiet 1: Kleine Bäche und Sümpfe im Ein-
zugsgebiet des Fly- und Bensbach-Flusses im
Südwesten Papua-Neuguineas.
✔ Gebiet 2: Kleine Bäche und Sümpfe nahe der
Spitze der Cape-York-Halbinsel.
✔ Gebiet 3: Urwaldbäche und Sümpfe im
küstennahen Tiefland zwischen den Orten
Cardwell und Cooktown an der Nordostküste
Australiens (typische Form, Foto → Seite 28).
✔ Gebiet 4: Zwei in Sümpfen entspringende
Bäche in der Nähe des Litchfield-National-
parks, südwestlich von Darwin, Northern Terri-
tory (kleinste Form).

Eacham-See-Regenbogenfisch

Melanotaenia eachamensis
<u>Größe:</u> Bis 8 cm.
<u>Verbreitung:</u> Ursprünglich nur vom Eacham-
See, einem Kratersee im Atherton-Tafelland in
Nordostaustralien, bekannt; dort ist die Art
mittlerweile ausgestorben. Sie wurde inzwi-
schen jedoch in anderen Kraterseen und Bächen
der Umgebung gefunden.
<u>Temperatur:</u> 20-26° C.
<u>Pflege:</u> Einfach. Anspruchsloser Schwarmfisch,
der auch für kleinere Becken geeignet ist.

Großer Regenbogenfisch

Melanotaenia duboulayi (→ Seite 4, 27, 48)
<u>Größe:</u> Je nach Herkunft bis 13 cm.
<u>Verbreitung:</u> In Gewässern aller Art an der
Ostküste Australiens vom nördlichen Port
Macquarrie (New South Wales) bis nördlich
von Bundaberg (Queensland).
<u>Temperatur:</u> 18-28° C.
<u>Pflege:</u> Einfach. Anspruchslose Art für mittel-
große Becken. Friedlicher Schwarmfisch.
<u>Besonderes:</u> Ersteingeführte Art aller Regen-
bogenfische. Wurde jahrelang für die Art
Schwarzbinden-Regenbogenfisch (*Melanotaenia nigrans*) gehalten.

Inland-Regenbogenfisch

Melanotaenia fluviatilis
<u>Größe:</u> Bis 10 cm.

<u>Verbreitung:</u> Stellenweise
im Tiefland des

Murray-Darling-Flußbeckens und in den oberen Zuflüssen des Fitzroy-Flußbeckens im zentralen Queensland, Australien.

Temperatur: 15-30° C.

Pflege: Wie Großer Regenbogenfisch.

Großflossen-Regenbogenfische

Melanotaenia splendida

Von dieser Art gibt es 5 Unterarten, 4 davon werden recht groß. Ihre ansehnliche Beflossung läßt sie noch größer erscheinen.

Pflege: Einfach. Anspruchslose Arten. Alle benötigen Becken von mindestens 600 l Inhalt und lieben reichen Pflanzenbewuchs.

Temperatur: 24-30° C.

Westlicher Großflossen-Regenbogenfisch

Melanotaenia splendida australis
(→ Seite 41)

Größe: Je nach Herkunft bis 12 cm.

Verbreitung: In vielen Farbformen von der Pilbara-Region, Westaustralien, über die Kimberley-Region, Nordwestaustralien, bis zum nördlichen Northern Territory.

Besonderes: Einige Formen dieser Unterart sollen *Mela-notaenia*

duboulayi, *M. eachamensis* und *M. fluviatilis* näherstehen als *M. splendida*.

Gescheckter Großflossen-Regenbogenfisch

Melanotaenia splendida inornata (→ Umschlag-vorderseite – großes Bild, Seite 29, 33)

Größe: Bis 15 cm.

Verbreitung: In Gewässern aller Art von der Cape-York-Halbinsel westlich bis in die Umgebung von Darwin, Northern Territory, Australien.

Besonderes: Diese Form und die Unterart Rot-gestreifter Regenbogenfisch (*Melanotaenia splendida rubrostriata*) besitzen die im Verhältnis größte zweite Rückenflosse und Afterflosse dieser Art. Auch bekommen alte Männchen eine besonders auffallende hohe Körperform.

Rotgestreifter Großflossen-Regenbogenfisch

Melanotaenia splendida rubrostriata

Größe: Bis 15 cm.

Verbreitung: In Gewässern aller Art im südlichen Neuguinea von Etna-Bay in Westirian östlich bis zum Aramia-Fluß, Papua-Neuguinea, und zu den Aru-Inseln.

Besonderes: Während der Balz überziehen breite, rote Streifen den ganzen Körper.

Bei den meisten Regenbogen-fischarten locken Männchen die Weibchen mit einem Balzstreifen an (links: Schwarzbinden-Regenbogenfisch, Melanotaenia nigrans). Nur wenige Arten der Gattung Melanotaenia zeigen keinen Balzstreifen (rechts: Großer Regenbogenfisch, Melanotaenia duboulayi).

Östlicher Großflossen-Regenbogenfisch

Melanotaenia splendida splendida (→ Seite 6, 53, 64)

Größe: Bis 15 cm.

Verbreitung: In Gewässern aller Art an der Ost-küste Australiens vom Daintree-Fluß im Norden bis etwas südlich des Ortes Gladstone.

Besonderes: Viele Formen an beiden Randge-bieten der Verbreitung, die zur Zeit noch zu dieser Art gezählt werden, bedürfen der ge-naueren Untersuchung.

Wüsten-Großflossen-Regenbogenfisch

Melanotaenia splendida tatei

Größe: Bis 15 cm.

Verbreitung: In permanenten Gewässern des

Typische Form des Zwergregenbogenfisches (M. maccullochi). Sie stammt aus der Umgebung von Cairns im Nordosten Australiens. 5 cm.

Eyre-See-Beckens in Zentralaustralien.

Besonderes: Erinnert im Aussehen sehr an den Gescheckten Großflossen-Regenbogenfisch (*Melanotaenia splendida inornata*), ist aber schlanker.

Parkinsons Regenbogenfisch

Melanotaenia parkinsoni (→ Seite 49)

Größe: Bis 15 cm.

Verbreitung: In Gewässern zwischen Port Moresby und Milne Bay im Südosten Papua-Neuguineas.

Temperatur: 25-30° C.

Pflege: Diese recht große Art benötigt geräumige Becken. Sonst stellt sie keine besonderen
Ansprüche.
Besonderes: Sieht in der Gestalt dem Östlichen
Großflossen-Regenbogenfisch (*Melanotaenia
splendida splendida*) am ähnlichsten und zählt
auch zur näheren Verwandtschaft der »splendida«-Gruppe.

Juwelen-Regenbogenfisch
Rhadinocentrus ornatus (→ Seite 51, 53)
Größe: Bis 7 cm.
Verbreitung: Kommt an der Ostküste Australiens von nördlich des Ortes Coff's Harbour im
nördlichen New South Wales bis nordöstlich
von Rockhampton im zentralen Queensland vor.
Lebt hauptsächlich in sehr weichen, sauren Gewässern mit feinem, weißsandigem Grund. Sol-

*Ein Männchen des Gescheckten Großflossen-
Regenbogenfisches (M. s. inornata) vom An-
niversary Creek, Northern Territory. 10 cm.*

che Gewässer sind oft teefarben und nie weit
von der Küste entfernt.
Temperatur: 18-28° C.
Pflege: Gilt als eine der empfindlichsten Regenbogenfischarten. Regelmäßige Wasserwechsel
sind besonders wichtig. Auch beim Umsetzen
der Fische vorsichtig vorgehen (→ Seite 37).
Eine Fischart für Fortgeschrittene.
Besonderes: Eine sehr attraktive Art von sehr
variabler Färbung. Bis zu 4 verschiedene Farb-
schläge können nebeneinander im gleichen Gewässer vorkommen. Ganz rote Exemplare sind
sehr selten.

Das Gesellschaftsbecken

Fast alle Regenbogenfische können Sie bedenkenlos mit friedlichen Vertretern anderer Fischfamilien zusammen halten. Große robuste Arten vertragen sich sogar mit Buntbarschen, solange diese nicht zu ruppig veranlagt sind. Selbst nachtaktive Fische, wie viele Welse, stören die meist nahe der Oberfläche schlafenden Regenbogenfische nicht. Es liegt vielmehr an Ihrem Geschmack, welche Fische Sie zu Ihren Regenbogenfischen ins Aquarium setzen.

Hinweis: Halten Sie nur solche Fische zusammen, die die gleichen Ansprüche an Wasserqualität, Bepflanzung oder Temperatur stellen und die gleiches Temperament und gleiche Größe haben. Auch mehrere Regenbogenfischarten

können ohne weiteres zusammen gehalten werden. Allerdings ist hierbei zu beachten, daß sich die Weibchen mancher Arten und auch die vieler Farbformen sehr ähneln und nicht ohne weiteres auseinander gehalten werden können. Für den Pfleger, der nicht züchten will, hat dies keine Bedeutung. Ein Züchter sollte jedoch Wert darauf legen, eine Verwechslung der Weibchen zu vermeiden, um die Arten und Unterarten rein zu züchten. In der Natur sind Kreuzungen zwischen nebeneinander lebenden Arten noch nicht bekannt geworden. Im Aquarium kann es passieren, obwohl es nach meinen Erfahrungen nicht automatisch erfolgt.

Ein Gesellschaftsbecken mit (von links nach rechts): Roten Regenbogenfischen, Leopardenwelsen, Papageienplatys, Boesemans Regenbogenfischen, Neons und Purpur-Prachtbuntbarschen. (Die Größenverhältnisse stimmen nicht.)

Diese Arten passen zusammen

✔ Zu Regenbogenfischen bis 5 cm Größe passen kleine Salmler und Barben, Welse, Zahnkarpfen.

✔ Zu Regenbogenfischen bis 10 cm Größe passen mittlere Salmler, Barben, Welse, Zwergbuntbarsche, Fadenfische, Grundeln, Schwertträger.

✔ Zu Regenbogenfischen über 10 cm Größe passen große Barben, Salmler, nicht zu ruppige Buntbarsche, Welse.

✔ Fadenflossen-Regenbogenfische sollten möglichst allein gehalten werden. Die Gefahr, daß andere Fische die Flossen beknabbern, ist groß. Geeignet sind Schmetterlings-Ährenfische wie *Pseudomugil gertrudae* oder *Pseudomugil tennelus*.

Das Geo-Becken

Ideal wäre es, ein Gesellschaftsaquarium nur mit Fischen aus dem Lebensraum der Regenbogenfische zu schaffen. Leider sind im Handel nur wenige geeignete Arten aus dieser Region erhältlich.

<u>Gut geeignet</u> für ein Gesellschaftsbecken mit mittleren und großen Regenbogenfischen sind:

✔ Schläfergrundeln der Gattung Hypseleotris. Sie sorgen dafür, daß keine Futterreste am Boden verfaulen.

✔ Kleinere Vertreter der Gattungen Oxyeleotris und Mogurnda.

✔ Einige Arten der Grunzbarsche, Terapontidae.

✔ Die friedlichen Korallenwelse (Plotosiidae) der Gattungen Neosilurus und Porocheilus.

✔ Jungtiere aller Kreuzwelse (Ariidae).

DAS AQUARIUM IM ALLTAG

Ein Aquarium im Haus oder in der Wohnung ist ein Stück lebendige Natur, an dem Sie sich erfreuen können. Die Fische und Pflanzen leben in Ihrer Obhut. Um sich wohl zu fühlen, stellen sie bestimmte Bedingungen an den Lebensraum Aquarium, die Sie kennen und beachten sollten.

Darauf sollten Sie achten

Sie haben sich für eine oder mehrere Arten von Regenbogenfischen entschieden. Vor dem Kauf und dem Einsetzen sollte das Aquarium jedoch bereits eingerichtet sein (→ Seite 34) und etwa 2 Wochen mit allen technischen Geräten im Probebetrieb laufen (→ Seite 35).

✔ Die Größe des Beckens richtet sich nach der Größe der ausgewachsenen Fische.

✔ Wohl der größte Fehler, den alle Aquarianer am Anfang machen, ist die Überbesetzung des Beckens mit Fischen. Deshalb ist Selbstbeherrschung bei der Anschaffung wichtig, sonst müssen Sie viel Lehrgeld in Form von Fischverlusten zahlen. Tatsächlich ist ein Becken mit weniger Fischen leichter zu pflegen.

Der richtige Standort

✔ Regenbogenfische wollen nicht dauernd gestört oder gar erschreckt werden, etwa durch vorbeigehende Menschen. Deshalb sollte das Aquarium an einer möglichst ruhigen, wenig frequentierten Stelle des Wohnraums stehen.

Ein Männchen des Kutubu-See-Regenbogenfisches (M. lacustris). Körperlänge 8 cm.

✔ Stellen Sie das Becken so auf, daß es nur ungefähr 1 bis 2 Stunden am Morgen von der Sonne beschienen wird. Selbst die beste künstliche Beleuchtung wird die Farben der Regenbogenfische nie so zur Geltung bringen, wie Sonnenlicht dies kann. Nutzen Sie die Gelegenheit, und erfreuen Sie sich besonders zu dieser Zeit an Ihren prächtig gefärbten Fischen.

✔ Ein Becken mit 600 l und mehr hat ein enormes Gewicht. Lassen Sie deshalb die Belastbarkeit des Bodens von einem Sachverständigen überprüfen, bevor Sie sich ein Becken dieser Größe zulegen.

Vorsicht mit Strom

Elektrische Geräte in Verbindung mit Wasser sind mit Vorsicht zu bedienen. Geräte, die im Wasser verwendet werden, müssen einen Vermerk tragen, daß sie dazu geeignet sind. Achten Sie deshalb beim Kauf darauf, daß die Geräte das gültige VDE (Verein Deutscher Elektroingenieure)- oder TÜV-Zeichen tragen. Setzen Sie einen FI-Schalter (Fehlerstrom-Schutzschalter) zwischen Geräte und Steckdose, um Unfälle weitestgehend zu vermeiden. Ziehen Sie in jedem Fall vor Arbeiten am Aquarium immer erst den Netzstecker!

Das brauchen Sie

✔ Ein geklebtes Glasaquarium in den richtigen Maßen mit stabilem Unterbau.

✔ Je einen Regelheizer, Filter und Thermometer.

✔ Einen auf das Aquarium passenden Beleuchtungskasten mit Leuchtstoffröhren.

✔ 25 bis 30 kg verschieden gekörnten, dunklen Kies in Korngrößen von 2 bis 20 mm - am besten aus verschiedenen Sorten gemischt.

✔ Etwa ein Dutzend abgerundete und abgeflachte Steine (Geröll), zirka 10 bis 15 cm lang.

✔ Eine größere Moorkienwurzel (Zoofachhandel).

✔ Einen Hintergrund. Im Fachhandel werden verschiedene Typen angeboten, entweder als zuschneidbares, bedrucktes Plakat einer Aquarienlandschaft, das hinter dem Becken befestigt wird, oder als geformte Kunststoffwand, die im Inneren des Aquariums angebracht wird.

Die Beckengröße

Die Größe des Aquariums muß der Schwimmfreudigkeit der Fische gerecht werden.

✔ Für Arten, die kleiner als 6 cm sind, reicht ein Becken der Größe 60 x 40 x 40 cm (Länge x Breite x Höhe) aus.

✔ Arten bis 12 cm sollten mindestens in einem Aquarium mit den Maßen 100 x 50 x 50 cm gehalten werden.

✔ Die großen bis 15 cm langen Arten benötigen Becken mit den Mindestmaßen 150 x 60 x 60 cm. Noch besser kommen sie jedoch in umfangreicheren Aquarien zur Geltung. Diese Riesenbecken und die dafür nötige Technik stellen aber auch höhere An-

Der Bodengrund sollte nach hinten ansteigen.

forderungen an Ihren Geldbeutel.

Das Aquarium einrichten

Die Einrichtung des Aquariums richtet sich in erster Linie nach der Art der Fische, deren Größe, wenn sie ausgewachsen sind, und deren Temperament. So müßte man bei vielen Arten auf Pflanzen verzichten, da diese aus Gewässern stammen, die keinen oder nur beschränkten Pflanzenbewuchs aufweisen. Die meisten Arten sind jedoch so robust, daß Sie sich bei ihrer Pflege nicht an der natürlichen Umgebung orientieren müssen.

So gehen Sie vor:

1. Prüfen Sie das Becken nach dem Kauf im Freien auf einer stabilen und ebenen Unterlage auf seine Dichtigkeit.

2. Waschen Sie den als Bodengrund dienenden Kies

Moorkienwurzel

Sie ist sehr dekorativ und bietet den Fischen Unterschlupf. Je nach Aussehen der Wurzel wird diese aus einer hinteren Ecke schräg nach vorn oder quer in das Aquarium gelegt. Legen Sie die Moorkienwurzel mindestens 1 Woche vor Einrichtung des Beckens in Wasser, damit sie sich vollsaugen kann.

Pflanzen einsetzen

Ein schön bepflanztes Becken kann eine wahre Augenweide sein. Beginnen Sie mit dem Einsetzen, bevor das Aquarium ganz mit Wasser aufgefüllt ist.

1. Drücken Sie mit den Fingern für jede Pflanze mit rosettenförmig angeordneten Blättern eine Mulde in den Kies.

2. Kürzen Sie die Wurzeln von bereits bewurzelten Pflanzen mit der Schere auf 4 cm ein. Setzen Sie die Pflanzen möglichst gerade ein, daß der Wurzelansatz noch frei bleibt.

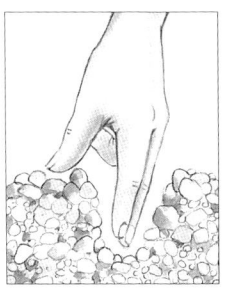

3. Nun füllen Sie den Kies vorsichtig in die Mulde, drücken ihn aber nicht an.
Stengelpflanzen beschneiden Sie mit der Schere und stecken

sie schräg in den Boden. Das Ende wird mit einem kleinen Stein beschwert.
Die richtigen Pflanzen für Regenbogenfische → Seite 41.

gründlich, und bringen Sie ihn in das Aquarium ein. An der Vorderscheibe soll er wenigstens 3 cm hoch den Boden bedecken. Nach hinten und zu den Seiten wird er etwa 10 cm hoch aufgeschichtet, da er dort den Wurzeln der Pflanzen Halt bieten soll.

3. Die Steine werden willkürlich auf dem Kies verteilt. In der vorderen Mitte sollte aber ein freier Raum verbleiben.

4. Dann wird die Moorkienwurzel plaziert.

5. Nun wird das Becken über einen Schlauch etwa zur Hälfte mit Wasser aufgefüllt (→ Seite 39).

6. Nun werden die Pflanzen eingesetzt.

7. Danach vollständig mit Wasser auffüllen und Heizer und Filter möglichst wenig sichtbar einsetzen. Das Thermometer wird diagonal gegenüber dem Heizer befestigt (→ Seite 39).

8. Eine Deckscheibe verhindert übermäßige Verdunstung des beheizten Wassers und hindert auch die Fische daran, aus dem Becken zu springen.

9. Die Beleuchtung anbringen.

10. Nun werden alle Geräte eingeschaltet. Das Aquarium wird innerhalb der nächsten 2 Wochen »eingefahre«. So lange sollten Sie Bakterien und auch den neu eingesetzten Pflanzen Zeit geben, um das Leitungswasser in ein für Fische verträgliches Medium zu verwandeln. Für einen Aquarianer, besonders einen Neuling, ist dies die schwierigste Zeit. Aber das Warten lohnt sich!

Beleuchtung

Wichtig für das Wachstum der Pflanzen ist die richtige Beleuchtung. Verwenden Sie dafür 15-Watt-Leuchtstoffröhren der Lichtfarbe 41. Bringen Sie die Beleuchtungskörper über dem Aquarium so weit vorn wie möglich an. Dadurch werden die Fische schräg von vorn angestrahlt, und die Farben glänzen besonders schön. Befinden sich die Lampen zu weit hinten im Beleuchtungskasten, sieht man die Fische praktisch im Gegenlicht!

Das Medium Wasser

Ohne Wasser gäbe es kein Leben auf der Erde. Selbst wir Menschen bestehen bekanntlich zu etwa 60 % daraus. Im Wasser fing das Leben an, und weitaus die meisten Wirbeltiere, von Wirbellosen ganz zu schweigen, leben auch heute noch im nassen Element. Die artenreichste Wirbeltiergruppe stellen die Fische dar. Wasser ist ihr Element. In der Natur befindet sich Wasser keineswegs immer in einem idealen Zustand, als Fischhalter haben Sie jedoch die Verpflichtung, die Wassergüte den Bedürfnissen Ihrer Fische anzupassen.
Obwohl die Familie der Regenbogenfische sehr anpassungsfähig und die Wasserqualität in den Heimatgewässern oft unglaublichen Schwankungen unterworfen ist, sollten Sie versuchen, die Wassergüte im Aquarium gleich zu halten. Deshalb ist es wichtig, zu wissen, welche Faktoren zum gesunden Gedeihen Ihrer Pfleglinge beitragen.

Die Wasserhärte

Die Gesamthärte des Wassers wird in Grad deutscher Härte (° dH) gemessen. Dafür sind Meßlösungen im Handel erhältlich. In der Regel gilt Wasser mit den Werten 0 bis 8° dH als weich, 9 bis 16° dH ist ein Mittelwert, darüber gilt Wasser als hart.
Regenbogenfische leben in ihrer Heimat in extrem weichem wie auch hartem Wasser. Ich habe in Regenbogenfisch-Gewässern schon eine Wasserhärte von über 40° dH gemessen. Die Fische darin sahen genauso gesund aus wie solche aus Wasser ohne meßbare Härtegrade. Die Erfahrung hat gezeigt, daß viele Arten, die aus extrem weichem Wasser stammen, im Aquarium besser in mittelhartem und auch hartem Wasser zu halten sind. Aus diesen Gründen spielt die Wasserhärte bei der Pflege nur eine untergeordnete Rolle.

Der pH-Wert

Der pH-Wert gibt Aufschluß über den Gehalt an Säuren oder Laugen im Wasser.
pH-Wert = 7: Das Wasser ist neutral.
pH-Wert < 7: Das Wasser reagiert sauer.
pH-Wert > 7: Das Wasser reagiert basisch.
Der pH-Wert ist logarithmisch definiert. Das bedeutet, Wasser mit einem pH-Wert 6 enthält die zehnfache Menge an Säure im Vergleich zu Wasser mit einem pH-Wert 7, und Wasser mit einem pH-Wert 8 ist zehnmal basischer als neutrales Wasser. Der Wert kann mit Stäbchen, Indikator-Lösungen oder auch elektronisch ermittelt werden. Lassen Sie sich von Ihrem Zoofachhändler beraten.
Der pH-Wert eines Gewässers kann auch in der Natur im Tagesverlauf schwanken, besonders

Imponierende Männchen des Pracht-Regenbogenfisches (M. trifasciata). Körperlänge 15 cm.

in stark bewachsenen Gewässern. Das Leitungswasser hat in der Regel einen neutralen pH-Wert. Im Aquarium ist es ratsam, den pH-Wert möglichst zwischen 6,5 und 7,5 zu halten. Das erreichen Sie am besten durch regelmäßiges Wasserwechseln. Ersetzen Sie ein Drittel des Aquarieninhalts mit abgestandenem Frischwasser, dessen pH-Wert neutral sein sollte.

Achtung beim Umsetzen

Regenbogenfische vertragen Schwankungen im pH-Wert ohne Probleme, wenn diese langsam stattfinden. Wer mehrere Becken besitzt und Fische umsetzen will, sollte vorsichtig vorgehen, denn zu große Unterschiede im pH-Wert und zu schnelles Umsetzen kann tödlich sein.

Regenbogenfische - hier der Kutubu-See-Regenbogenfisch (Melanotaenia lacustris) – sind Schwarmfische.

Prüfen Sie auf jeden Fall zuerst den pH-Wert in den jeweiligen Aquarien. Wenn Sie Unterschiede feststellen, können Sie so vorgehen:
1. Setzen Sie die Fische in einen großen Eimer mit Wasser aus ihrem Becken. Den Eimer abdecken, die Fische springen!
2. Geben Sie langsam Wasser aus dem neuen Becken dazu.
3. Nun setzen Sie die Fische in ihre neue Behausung um.

Die Filterung

Ein Aquarium ist ein Wasserbehälter voller Leben mit Fischen, Pflanzen und eventuell Schnecken zum Verzehren von Futterresten und Algen. Fische müssen fressen, um zu gedeihen. Alle unverdaulichen Stoffe scheiden sie anschließend aus. Diese verbleiben zusammen mit anderen organischen Abfallprodukten im Aquarium. Im Laufe der Zeit bilden sich durch Zersetzungsprozesse Stoffe, die für Fische mehr oder weniger giftig sind. Außerdem wird dabei auch viel Sauerstoff verbraucht.

Um die Qualität des Wassers so zu halten, daß Fische darin leben können, müssen Sie das Wasser filtern. Im Handel sind dafür sogenannte Außen-, Innen- oder Bodenfilter erhältlich.

Erkundigen Sie sich bei Ihrem Zoofachhändler. Die Filter sind mit speziellen Materialien wie Filterschaumstoff, Perlonwatte, Keramiksteinchen oder Aktivkohle gefüllt.

✔ Mechanische Filterung: Mittels einer Pumpe fließt das Wasser durch den Filter. Dabei bleiben die feinen Schwebteilchen im feinporigen Filtermaterial hängen.

✔ Biologische Filterung: Sie funktioniert mit Hilfe von Bakterien, die im Bodengrund, im Filter und im Wasser leben. Sie bauen die Abfallprodukte, die durch die Verdauung der Fische, durch Futterreste oder verwesende Pflanzenteile entstehen, zu Nitrat ab. Nitrat ist giftig und muß deshalb von Zeit zu Zeit durch Wasserwechsel entfernt werden.

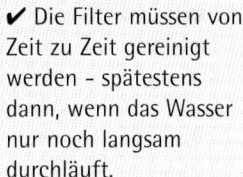

✔ Die Filter müssen von Zeit zu Zeit gereinigt werden - spätestens dann, wenn das Wasser nur noch langsam durchläuft.

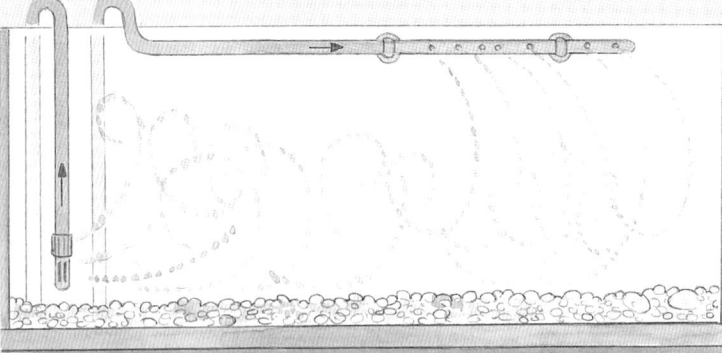

Den Außenfilter installieren

Ein Außenfilter befindet sich außerhalb des Beckens. Er kann für große und kleine Aquarien verwendet werden. Bei der Installation ist zu beachten, daß das Strahlrohr knapp unterhalb der Wasseroberfläche liegt und daß die Düsen nach vorne zeigen. Die dadurch verursachte Bewegung der Oberfläche läßt das Wasser mehr Sauerstoff aufnehmen.

Wasser wechseln

Obwohl die Filtertechnik in den letzten Jahren enorme Fortschritte gemacht hat und moderne Filter durch die darin lebenden Mikroorganismen die Wasserqualität länger als früher in einem für Fische erträglichen Maß halten, sollten Sie hin und wieder das Wasser wechseln. Wann und wie oft Sie das tun, hängt zum großen Teil vom Fischbesatz ab. Weniger Fische im Becken und vorsichtige

Beim Einfüllen das Wasser über einen Teller laufen lassen.

Fütterung bedeuten weniger Wasserwechsel. Ganz ohne geht es aber nie!

Darauf sollten Sie achten:

✔ Das für den Wechsel vorgesehene Wasser muß abgestanden sein.

✔ Tauschen Sie nie mehr als etwa ein Drittel des Aquarieninhalts aus.

✔ Passen Sie die Temperatur und den pH-Wert dem des Beckens an.

✔ Saugen Sie überschüssigen Mulm vom Bodengrund mit einer Saugglocke ab.

✔ Leiten Sie das aus dem Schlauch strömende Wasser zum Beispiel auf einen ins Aquarium gelegten Teller, damit der Kies nicht zu stark aufgewühlt wird.

Die Wassertemperatur

Eine sehr wichtige Rolle für das Wohlbefinden der Fische spielt die Temperatur des Wassers. Regenbogenfische können als wechselwarme Bewohner gemäßigter und tropischer Zonen nur innerhalb eines bestimmten Temperaturbereichs überleben. Einige Arten vertragen sogar mitteleuropäische Sommertemperaturen im Freien. Die meisten benötigen jedoch angewärmtes Wasser.

Die Beheizung eines Aquariums stellt heute kein großes Problem dar. Im Zoofachhandel gibt es ein großes Angebot an Heizgeräten. Am einfachsten sind Regelheizer, denn damit können die im Aquarium gewünschten Temperaturen mittels eines Thermostats leicht eingestellt werden. Sie müssen die gewünschte Temperatur nur vorwählen, alles andere erledigt der Thermostat.

Ein Durchlüfter, der das Wasser ständig in Bewegung hält, sorgt für eine gleichmäßige Wasserwärme im Aquarium. In der Natur gibt es zwar erhebliche Temperaturunterschiede in den verschiedenen Bereichen eines Gewässers, besonders eines stehenden. Hier können die Fische jedoch den Bereich mit ihrer bevorzugten Wasserwärme selbst aussuchen. In einem Aquarium ist dies nicht möglich.

Wichtig: Achten Sie bei Wasserwechseln deshalb immer darauf, daß die Temperatur des frischen Wassers dem des Aquariums gleicht oder sich höchstens um 1 bis 2° C unterscheidet.

Überprüfen Sie die Temperatur des Wassers täglich, besonders im Winter, damit Sie bei einem Ausfall des Heizers rechtzeitig eingreifen können.

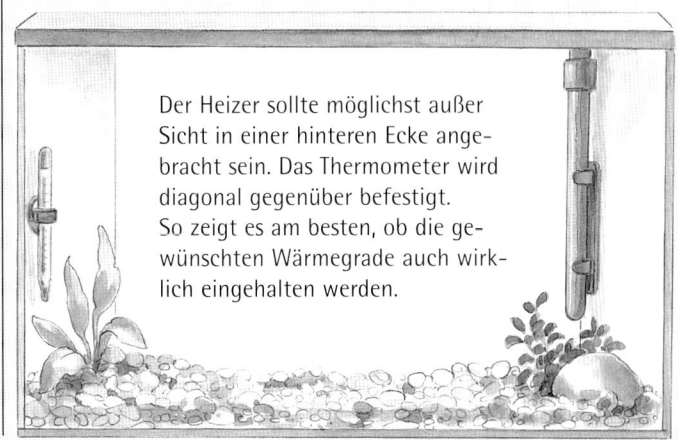

Der Heizer sollte möglichst außer Sicht in einer hinteren Ecke angebracht sein. Das Thermometer wird diagonal gegenüber befestigt. So zeigt es am besten, ob die gewünschten Wärmegrade auch wirklich eingehalten werden.

Pflanzen im Aquarium

Nur wenige Regenbogenfischarten leben in Gewässern, die mit höheren Wasserpflanzen bewachsen sind. Aus diesem Grund fühlen sie sich auch in Aquarien wohl, die ohne Pflanzen, nur mit Steinen und Wurzeln ansprechend dekoriert sind. Höhere Pflanzen in der Unterwasserlandschaft dienen in erster Linie dazu, dem Betrachter ein angenehmes Bild zu bieten und außer Fischen einen weiteren Aspekt der Natur ins Haus zu holen.

Selbstverständlich kann man auch Regenbogenfische in einem schön bepflanzten Becken halten. Selbst Arten aus pflanzenlosen Gewässern fühlen sich darin sehr wohl. Allerdings lieben es einige, diese Pflanzen anzuknabbern.

Foto rechts: Indischer Sumpffreund (Limnophylla indica) aus Nord- und Ostaustralien.
Foto links: Die dekorative Sternpflanze (Eusteralis stellata) stammt aus Nordaustralien und Südasien.

Dem können Sie vorbeugen, indem Sie den Fischen ausreichend anderes vegetarisches Futter anbieten.

Doch Wasserpflanzen dienen nicht nur der Ästhetik:

✔ Bis zu einem gewissen Grad helfen sie, Nitrat im Wasser abzubauen.

✔ Während der Tagesstunden erhöhen sie den Sauerstoffgehalt.

✔ Sie geben Deckung bei Streitigkeiten oder wenn die Weibchen zu stark bedrängt werden.
✔ Sie können als Laichsubstrat dienen und heranwachsenden Jungfischen Verstecke bieten.

Fettblatt (*Bacopa spec.*): Kommt in Australien, Afrika, Asien und Amerika vor. Im Aquarium anspruchslos. Sandiger Bodengrund und mittlere Beleuchtungsstärke sind ausreichend. Beschneiden fördert buschiges Aussehen.
Ottelie (*Ottelia alismoides*): Kommt im tropischen Australien, an der Ostküste Australiens sowie in Neuguinea und in Südostasien vor. Braucht viel Licht und guten Boden. Nur für größere Becken geeignet. Ist sehr zerbrechlich.
Sternpflanze (*Eusteralis stellata*): Im tropischen Australien sowie in Ost- und Südostasien verbreitet. Braucht viel Licht. Gedeiht besser in feinem Sand, muß regelmäßig mit Eisendünger behandelt werden.
Indischer Sumpffreund (*Limnophylla indica*): In Nordostaustralien sowie in Afrika und Asien beheimatet. Schnellwachsende, problemlose Stengelpflanze. Starke Beleuchtung und regelmäßige Düngung erforderlich.
Langblättrige Wasserähre (*Aponogeton elongatus*): Gedeiht in Nordostaustralien und im tropischen Australien. Benötigt wenig Licht. Prächtige Knollenpflanze, die ab und zu eine Ruhepause braucht.
Weidenblättriger Wasserfreund (*Hygrophylla salicifolia*): Im tropischen Australien und in Südostasien verbreitet. Kommt nur in großen Aquarien voll zur Geltung. Lichtliebend. Stellt sonst wenig Ansprüche. Wird gern von Regenbogenfischen beknabbert, wenn diese unzureichend andere vegetarische Kost erhalten.
Wasserschraube (*Vallisneria spec.*): Weltweit verbreitet. Sehr gut für Aquarien geeignet, wächst auch noch bei schlechter Beleuchtung. Vermehrung durch Ableger.

Checkliste
Das brauchen Pflanzen

1 Nährstoffe: Dünger erhalten sie, indem die Bakterien die Abfallprodukte der Fische zu Nitrat abbauen. Zusätzlich kann mit im Handel erhältlichen Mitteln gedüngt werden.

2 Kohlendioxid (CO_2): Dieses Gas wird von den Fischen ausgeatmet. Das Gas kann auch zusätzlich gegeben werden. Geräte sind im Fachhandel erhältlich.

3 Licht: Eine Beleuchtungsdauer von 12 bis 14 Stunden pro Tag ist wichtig. Mit Hilfe des Lichts entnehmen die Pflanzen dem Wasser CO_2 und geben Sauerstoff an das Wasser ab.

4 Bodengrund: Grober, ungewaschener, möglichst kalkfreier Sand, als Abdeckung gewaschene Kiesel verschiedenster Größe.

5 Regelmäßige Wasserwechsel. Diese werden von Fischen und Pflanzen geschätzt.

Trockenfutter

Dies ist für Aquarianer sicher das bequemste Futter. Es wird in Form von (unterschiedlich großen) Flocken, gepreßten Kugeln, Tabletten, Pellets oder als Granulat angeboten. In der Regel werden Vitamine und Spurenelemente zugesetzt, die für die Gesundheit der Fische notwendig sind. Beide Zusätze haben aber nur eine begrenzte Haltbarkeit. Kaufen Sie deshalb Trockenfutter mit diesen Zusätzen nur in kleinen Mengen und in Zoogeschäften mit großem Umsatz. Trockenfutter besteht entweder in erster Linie aus tierischen Stoffen, oder es hat hauptsächlich pflanzliche Anteile. Manchen Sorten sind Farbstoffe wie Karotine zugesetzt. Dies ist vorteilhaft für rotgefärbte Fischarten, weil die Farben stärker leuchten. Es ist nicht schlimm, wenn Futter auf den Boden sinkt. Viele Regenbogenfische suchen auch dort nach Nahrung. Dieses Verhalten kann man auch in Freiheit beobachten. Sie beknabbern dann Felsbrocken oder ähnliches, um Algen oder darin lebende Tiere aufzunehmen. Aus diesem Grund haben manche Arten wulstige Lippen mit vielen äußeren Zähnchen.

Lebendfutter

Lebendfutter bietet allen Fischen eine willkommene Abwechslung im Speiseplan und wird immer sehr geschätzt. Sie können es in sauberen Gewässern selbst fangen, im Zoofachgeschäft kaufen oder, wenn Sie den Platz und die Geduld aufbringen, auch selbst züchten.

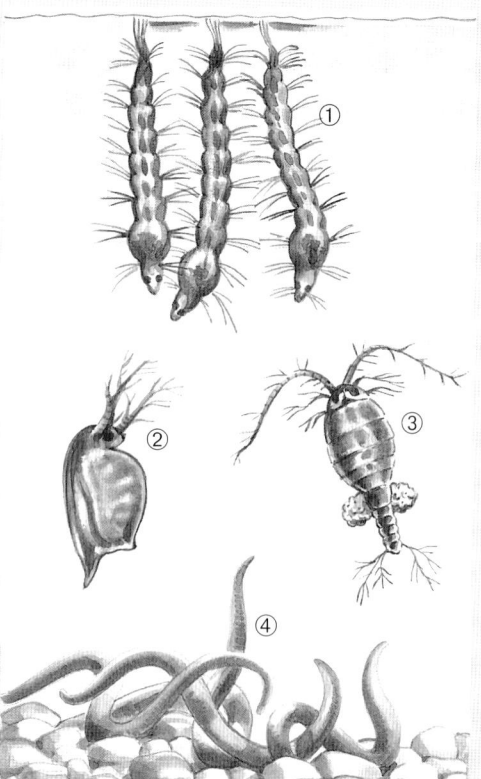

Gutes Lebendfutter:
✔ Wasserflöhe (*Daphnia*)
✔ Hüpferlinge (*Cyclops und Diaptomus*)
✔ Rüsselkrebschen (*Bosmina*)
✔ Rote Mückenlarven (*Chirinomos*): Nicht zu oft verfüttern, sie können bei manchen Menschen bei Berührung schwere Allergien hervorrufen.
✔ Weiße Mückenlarven (*Corethra*)
✔ Larven der Stechmücke (*Culex*): Vor dem Verfüttern durch Einfrieren abtöten, damit Sie nicht später von Mücken in der Wohnung geplagt werden.
✔ Bachröhrenwürmer (*Tubifex*): Hervorragendes Kraftfutter, müssen aber vor dem Verfüttern mindestens 1 Woche gewässert werden. Entweder wechseln Sie häufig das Wasser, oder Sie stellen den

Lebendfutter:
① Schwarze Mückenlarven, ② Wasserflöhe,
③ Hüpferlinge,
④ Tubifex.

Was soll gefüttert werden?

Besonders wichtig bei der Fütterung ist ein wechselndes Angebot. Bieten Sie auf keinen Fall wochen- oder monatelang das gleiche Futter an, auch wenn es die Fische gierig fressen. Regenbogenfische sind nicht wählerisch! Im Zoofachhandel gibt es ein breites Spektrum an verschiedenstem Fischfutter. Achten Sie darauf, daß Sie die Größe des Futters der Fischgröße anpassen und daß Sie die Fische nicht überfüttern.

Behälter mit den Würmern unter einen tropfenden Wasserhahn. Tubifex stets kühl halten.

Gefrorenes Futter

Gefrierfutter ist ein guter Ersatz für Lebendfutter. Im Fachhandel werden gefrorene Mückenlarven, Garnelen, Muschel- oder Tintenfischfleisch angeboten. Es sollte mit lauwarmem Wasser aufgetaut und in einem feinen Sieb gewaschen werden. Wenn nötig, zerkleinern Sie das Gefrierfutter, bevor Sie es den Fischen verfüttern.

Wichtig: Gefrorenes Futter im Frostfach des Kühlschrankes aufbewahren, damit es nicht verdirbt.

Lebendfutter selbst fangen

✔ Im Wasser: Achten Sie darauf, daß dabei keine Parasiten, wie Karpfenläuse oder Egel, sowie andere unerwünschte Gäste, wie Süßwasserpolypen (*Hydra*) und Strudelwürmer (*Planarien*), ins Aquarium eingeschleppt werden. Es ist deshalb besser, frisch gefangenes Futter zunächst in einen sauberen Behälter zu setzen und es diesem später mit Vorsicht zu entnehmen.

✔ Auch Wiesenplankton, wie verschiedene kleine Heuschrecken, eignet sich sehr gut als Regenbogenfischfutter und wird immer gierig angenommen. Stellen Sie jedoch sicher, daß Wiesen, wo Sie fangen, nicht mit Gift besprüht wurden. Zerkleinern Sie das erst im Kühlfach getötete Futter mundgerecht vor der Fütterung.

Trockenfutter gibt es auch in Form großer Tabletten.

Pflanzen für Regenbogenfische

Für die Pflege im Regenbogenfischaquarium sind mehrere Wasserpflanzenarten gut geeignet. Dazu zählen beispielsweise

Wasserkelche (*Cryptocorynen*)
Speerblätter (*Anubias*)
Schwertpflanzen (*Echinodorus*)
Pfeilkräuter (*Sagittaria*)
Wasserpest (*Egeria, Lagarosiphon*)
Haarnixe (*Cabomba*)
Grundnessel (*Hydrilla*)
Tausendblätter (*Myriophyllum*)

Biotop-Aquarien

Mit Hilfe einer gezielten Pflanzenauswahl können Sie einen bestimmten Biotop nachbilden.
✔ Gedämpft beleuchtetes Waldbach-Aquarium mit Wasserähren (*Aponogeton*), Wasserkelchen (*Cryptocoryne*) oder Speerblättern (*Anubias*). In einem solchen Becken kommen zum Beispiel viele Fischarten aus der *Melanotaenia-goldiei*-Gruppe voll zur Geltung.
✔ Hell beleuchtetes Aquarium: Schwertpflanzen (*Echinodorus*), Wasserähren (*Aponogeton*), Ottelien (*Ottelia*) oder feinblättrige Sternpflanzen (*Eusteralis*). Solche Becken sind zum Beispiel für Groß-flossen- oder Fadenflossen-Regenbogenfische geeignet.
Wichtig: Lassen Sie in Ihren Aquarien genügend Schwimmraum für die Fische.

Was sie fressen

Regenbogenfische sind Allesfresser, die sowohl tierische als auch pflanzliche Kost zu sich nehmen. In der freien Natur fressen sie, was immer sich bietet, solange es geschluckt werden kann. Untersuchungen des Mageninhalts freilebender Regenbogenfische haben gezeigt, daß etwa 40 % der Nahrung aus landlebenden Insekten, wie Ameisen, bestand. Im Wasser lebende Kleinkrebse wie Wasserflöhe (*Daphnia* und andere) stellten weitere 37 % der Nahrung. Aquatische Insekten und Insektenlarven, wie Mückenlarven, nahmen 18 % der Futtertiere ein. Algen und Pflanzensamen bildeten den Rest.
Natürlich kann sich eine solche Liste stark ändern, denn das Nahrungsspektrum hängt zum großen Teil vom jeweiligen Lebensraum der Fischart, von der Jahreszeit und nicht zuletzt auch vom Wetter ab. Manche Arten sind sogar ausgesprochene Hungerkünstler, ohne allzu großen Schaden zu nehmen.

Wie oft füttern?

Im Aquarium können Sie leicht in Versuchung geraten, Ihre Regenbogenfische zu überfüttern. Das liegt am Verhalten der Fische. Sobald sie ihren Pfleger sehen, schwimmen sie aufgeregt an der Vorderscheibe hin und her. Wenn sie eine Futterportion erhalten, benehmen sie sich fast wie Piranhas. Lassen Sie sich von diesem Betteln nicht beeinflussen!
✔ Füttern Sie möglichst abwechslungsreich.
✔ Füttern Sie nur in kleinen Gaben.

Zwei imponierende Männchen des Roten Regenbogenfisches (G. incisus). 14 cm.

✔ Ideal wäre es, drei- bis fünfmal täglich in winzigen Portionen zu füttern, denn das käme einem natürlichen Vorgang am nächsten. Auch nur einmal täglich zu füttern, ist vollkommen in Ordnung; füttern Sie dann aber etwas mehr.
✔ Füttern Sie nur soviel, wie die Fische innerhalb von 5 Minuten verspeisen können.
✔ 1 bis 2 Hungertage pro Woche schaden nicht. Halten Sie sich nicht an diese Regeln, dürfen Sie sich nicht wundern, wenn Ihre Fische verfetten, kaum noch gut aussehen und zudem vermehrungsunfähig sind.

Krankheiten vorbeugen

Wie schon an anderer Stelle erwähnt, sind Regenbogenfische recht widerstandsfähige Tiere, die in der Natur oft in Gewässern mit unglaublich schlechten Wasserverhältnissen überleben. Aus diesem Grund erkranken sie auch im Aquarium nur selten.

Krankheitserreger, wie Parasiten, Bakterien oder Viren, leben in allen Aquarien und gehören natürlich auch in der Natur zum Lebensraum der Fische. Probleme damit gibt es nur, wenn sich die Lebensbedingungen verschlechtern und gleichzeitig die Fische in einem geschwächten Zustand sind. Dadurch können sich die Krankheitserreger übermäßig vermehren.

Dem können Sie vorbeugen:
✔ Sorgen Sie immer für eine gute Wasserqualität.
✔ Verwenden Sie biologische Filter.
✔ Führen Sie regelmäßige Teilwasserwechsel durch.
✔ Zwingen Sie sich zu einem mäßigen Fischbesatz.

Durch diese Maßnahmen ist bei meinen Regenbogenfischen schon seit Jahren keine Krankheit mehr aufgetreten, die andere Fische ab und zu befällt, wie Weißpünktchen-Krankheit, Bauchwassersucht oder Flossenfäule.

VERSORGUNG IM URLAUB

Es gibt kaum andere Aquarienfische, um die man sich in der Urlaubszeit weniger kümmern muß als um Regenbogenfische. Ich überlasse meine Fische ohne weiteres bis zu 4 Wochen sich selbst. Das geht nur, weil keines meiner vielen Becken überbesetzt ist und weil sich die Wasserqualität auch ohne regelmäßigen Wasserwechsel kaum verschlechtert.

✔ 2 Tage vor der Abfahrt und gleich nach der Heimkehr wechsle ich ein Drittel des Wassers.
✔ Eine Zeitschaltuhr regelt Beleuchtung und Heizung.
✔ Ein Aquarienfreund schaut etwa einmal wöchentlich nach.
✔ Gefüttert wird nicht! Auch in der Natur müssen Regenbogenfische oft lange ohne Nahrung auskommen.

Wenn Sie nicht so »radikal« sein können, dann bitten Sie einen befreundeten Aquarianer, daß er sich um Ihre Fische kümmert. Machen Sie ihm aber klar, daß er auf keinen Fall überfüttern darf. Sie können auch einen Futterautomaten verwenden. Diesen sollten Sie aber vorher auf jeden Fall gründlich ausprobieren.

Die Samtkrankheit

Sie war vor Jahren eine Plage, und Regenbogenfische sprechen auf eine Behandlung nur schlecht an. Ich halte die Krankheit mit einer uralten und kaum noch bekannten Methode in Schach: In jedem meiner Becken befindet sich ein kupferner Kratzer, wie er eigentlich zum Reinigen eines Kochtopfes verwendet wird (in jedem Supermarkt erhältlich). Er wird einmal jährlich erneuert.

Fischtuberkulose

Dies ist eine Krankheit, die leicht mit neuen Fischen eingeschleppt werden kann, denn Sie erkennen Fische, die daran erkrankt sind, nicht ohne weiteres beim Erwerb. Auch im Aquarium bleibt die Krankheit oft lange Zeit unentdeckt. Aus diesem Grund hilft es in diesem Fall auch nicht, neue Fische erst in ein Quarantänebecken zu setzen.

Die Krankheit kann alle Fische befallen, besonders in stark überbesetzten Becken mit schlechter Wasserqualität. Sie ist in den letzten Jahren auch zum Problem bei Regenbogenfischen geworden (→ Tabelle, Seite 47).

Leider gibt es dagegen keine wirksamen Medikamente, und die Fische sollten schnellstens schmerzfrei getötet werden.

Wichtig: Fischtuberkulose kann sehr ansteckend sein und soll auch Menschen gefährden. Allerdings scheinen nicht alle Regenbogenfische davon betroffen zu sein.

Treten die oben erwähnten Erscheinungen wiederholt im Aquarium auf, hilft nur die Tötung des gesamten Besatzes. Leeren Sie anschließend das Aquarium, und desinfizieren Sie es mit einer Chlorlösung. Danach können Sie es wieder neu einrichten.

Alle Krankheiten können mit sachgemäßer Pflege, regelmäßigen Wasserwechseln und mäßig besetzten Aquarien weitestgehend vermieden werden. Wenn sie doch einmal auftreten, dann nicht sofort zu Medikamenten greifen. Suchen Sie zuerst nach den wahren Gründen des Ausbruchs, und stellen Sie diese ab. Medikamente sollten Ihre Bemühungen nur unterstützen.

Blähungen

Wenn Regenbogenfische große Trockenfutterbrocken zu gierig verschlingen, können sie mitunter Blähungen bekommen. Man erkennt dies daran, daß die Fische krampfhaft versuchen, nach unten zu schwimmen - ohne Erfolg. Der von den Gasen verursachte Auftrieb ist manchmal so stark, daß der Rücken der Fische aus dem Wasser ragt und sie Gleichgewichtsstörungen haben. Das Gas entweicht meist jedoch schon innerhalb kurzer Zeit, und die Tiere fühlen sich wieder wohl.

Haben Regenbogenfische Trockenfutter zu gierig gefressen, können sie Blähungen bekommen.

Fischkrankheiten und ihre Behandlung

Krankheit	Symptome	Behandlung
Weißpünktchen-Krankheit (*Ichthyophthirius multifiliis*)	Fische sind mit weißen Pünktchen und Knoten übersät, fressen nicht und zucken mit den Flossen.	Im Fachhandel sind mehrere Medikamente erhältlich. Laut Anleitung verwenden, danach Wasserwechsel vornehmen.
Samtkrankheit (*Oodinium pillularis*)	Ein dichter Belag kleinster gelblicher Pünktchen läßt die Schuppen samtartig erscheinen. Befällt oft nur die Kiemen. Die Fische zeigen meist Atembeschwerden und hängen oft an der Oberfläche.	Den Zoofachhändler um Rat fragen. Aber Vorsicht beim Gebrauch von Medikamenten, da die zur Bekämpfung des Parasiten notwendige Dosis auch für Regenbogenfische tödlich sein kann.
Weißmaul-Krankheit (*Flexibaxter columnaris*)	Weißer Belag auf Lippen und Flossenrändern. Tritt meist nur bei schlechter Wasserqualität auf.	Mehrfacher Teilwasserwechsel über mehrere Tage. Medikamente laut Anweisung.
Bauchwassersucht	Aufgetriebener Leib mit abstehenden Schuppen, Glotzaugen.	Im Zoofachhandel sind verschiedene Medikamente erhältlich. Laut Anleitung verwenden, danach Wasserwechsel vornehmen.
Flossenfäule	Flossen sind ausgefranst, oft kürzer, Rand der Flossen kann weiß sein.	Im Zoofachhandel sind mehrere Medikamente erhältlich. Laut Anleitung verwenden, danach Wasserwechsel vornehmen.
Fischtuberkulose (*Mycobacterium spec.*)	Aufgetriebener Leib mit abstehenden Schuppen oder abgemagerte Erscheinung mit Verlust der Farben. Kleine, nicht heilende Wunden auf dem Körper, krebsartige Wucherungen an den Flossen, Kiemen, am Maul oder an den Augen.	Eine wirksame Behandlung ist nicht bekannt, deshalb Fische möglichst schnell schmerzlos töten.
pH-Wert des Wassers zu hoch/niedrig	Fische schießen im Becken umher, springen.	Sofort pH-Wert überprüfen und Wasserwechsel vornehmen.
Nitrat-Vergiftung	Fische schwimmen schwer atmend an der Wasseroberfläche und zeigen sich in Brutfarben.	Sofortigen Teilwasserwechsel vornehmen, der notfalls einige Stunden später wiederholt werden muß.

VERHALTENSWEISEN UND ZUCHT

Ist ein Becken erst einmal eingefahren, und haben sich Ihre Fische an ihre neue Heimat gewöhnt, können Sie sich in Muße vor das Aquarium setzen und das bunte Treiben Ihrer Fische im Becken beobachten. Dabei werden Sie sicher viele Verhaltensweisen erkennen können.

Das Aquarium als Studienobjekt

Oft hört oder liest man, Fische im Aquarium wären langweilig, da sie nur von einer Seite auf die andere schwimmen und wieder zurück. Diese Leute haben sich sicher noch nie vor ein artgerecht eingerichtetes Becken gesetzt und dem Treiben hinter Glas zugeschaut. Beim genaueren Beobachten kann man nämlich vielfältige Verhaltensweisen der Fische, wie Imponieren oder Balz, erkennen.

Eine wichtige Rolle spielen dabei die Farben. Regenbogenfische tragen ihren Namen zurecht, denn bei richtiger Beleuchtung schillern sie in allen Farben des Regenbogens. Manche Arten können innerhalb kürzester Zeit die Farbe ihres Schuppenkleides variieren. So ändert der Kutubu-See-Regenbogenfisch seine Färbung von rein Schwarz, über Schwarz und Silber, Blau und Silber, Türkis und Gold bis rein Gold.

Leben im Schwarm

Regenbogenfische sind sehr gesellige Fische, die sich in freier Natur häufig im Schwarm an der Wasseroberfläche aufhalten und gemeinsam nach ins Wasser gefallenen Insekten Ausschau halten.

Das Leben im Schwarm hat für die Fische zweierlei Vorteile:

✔ Ein potentieller Feind kann sich bei vielen Fischen schlecht auf ein Einzeltier als Beute konzentrieren.

✔ Die Wahrscheinlichkeit, gefressen zu werden, sinkt für den einzelnen Fisch, je größer der Schwarm ist, in dem er lebt.

Auch im Aquarium können Sie diese Schwarmbildung beobachten. So schließen sich die Fische schnell zu einem Pulk zusammen, wenn sie Gefahr wittern oder wenn sie neu in ein Becken eingesetzt werden.

Aus diesem Grund sollten Regenbogenfische auch immer schwarmweise gehalten werden. Wie Sie bereits wissen, kann man diese schönen Fische auch in Gesellschaft mit anderen Fischarten halten, solange die Ansprüche aller Fische ähnlich sind.

Einen guten Eindruck von ihrem Verhalten erzielen Sie jedoch mit einem Artbecken. Das heißt aber nicht, daß in einem solchen Aquarium nur ein kleiner Schwarm einer einzigen Regenbogenfischart schwimmen darf, sondern

Zwei balzende Männchen des Großen Regenbogenfisches (M. duboulayi) vom Noosa River. 8 cm.

TIP

Genau beobachten

Bis vor einigen Jahren waren Regenbogenfische trotz ihrer Schönheit so etwas wie Stiefkinder der Aquaristik, sie wurden nicht so häufig in Aquarien gehalten wie etwa Guppys, Neons oder Buntbarsche. Das hat sich aber geändert. Durch die Erforschung von Gebieten, in denen man noch nicht nach Regenbogenfischen gesucht hatte, wurden zahlreiche Arten neu entdeckt. Das hat dazu geführt, daß sich innerhalb der letzten 15 Jahre die Anzahl der bekannten Arten etwa verdoppelt hat. Aus diesem Grund sind viele Arten noch aquaristisches »Neuland«. Beobachten Sie Ihre Fische genau. Vielleicht gelingt es Ihnen, bisher noch Unbekanntes über ihre Haltung, ihr Verhalten oder die Zucht herauszufinden.

Ich empfehle Ihnen, ein Fisch-Tagebuch zu führen, in dem Sie Ihre Beobachtungen mit Tageszeit und äußeren Umständen, zum Beispiel vor oder nach der Fütterung, dem Wasserwechsel oder dem Einschalten des Lichtes, genau notieren. Scheuen Sie sich auch nicht, Beobachtungen, für die Sie in der Literatur keine Erklärung finden, an Mitglieder von Aquarienvereinen oder der Internationalen Gesellschaft für Regenbogenfische weiterzugeben. Adressen → Seite 62.

daß Sie durchaus 2 bis 4 Arten miteinander halten können.

Wenn Sie züchten wollen, sollten Sie allerdings sicherstellen, daß die Arten nicht zu nahe miteinander verwandt sind, da deren Weibchen mitunter nur schwer zu unterscheiden sind. In der Natur kommen bestenfalls bis zu 4 Arten nebeneinander in den gleichen Gewässern vor und schwimmen manchmal auch in gemischten Gruppen. Meist sind es jedoch nur 2 Arten, und diese sind immer leicht auseinander zu halten, auch deren Weibchen. Seen werden oft nur von einer Art bewohnt.

Männchen sind zänkisch

Nach meinen Erfahrungen lohnt es sich, mehr Männchen als Weibchen - gleich welcher Arten - zusammen zu halten. Männchen aller Arten sind relativ aggressiv gegenüber Artgenossen, manchmal auch gegen Männchen anderer Arten. Das kann mitunter zu Verletzungen oder gar zum Tod des Schwächeren führen.

Wenn Sie mehrere Männchen zusammen halten, verlaufen diese Streitigkeiten in der Regel ohne Probleme. Im Gegenteil: Dominierende Männchen versuchen immer, sich im besten Kleid zu zeigen. Da dies selten von den anderen Männchen toleriert wird, zeigen sich gewöhnlich alle in ihren Prachtfarben. Auf diese Weise sind die Männchen meist ganztägig miteinander beschäftigt. Dadurch haben auch die Weibchen mehr Ruhe. Als Aquarianer sieht man auf alle Fälle immer Fische in Prachtfärbung.

Etwas stimmt nicht

Haben Sie bei Ihren täglichen Kontrollbeobachtungen festgestellt, daß die Fische dieses typische Verhalten nicht wenigstens in den Morgenstunden zeigen, wird es meist Zeit, einen genaueren Blick auf das Aquarium zu werfen. Überprüfen Sie die Wasserqualität im Becken, und nehmen Sie - wenn notwendig - einen Wasserwechsel vor. Die Fische sollten dann innerhalb kürzester Zeit wieder mit ihren »Balzspielen« beginnen.

Natürlich gibt es auch andere Gründe, weswegen die Männchen nicht daran interessiert sind, ihr »Schauspiel« vorzuführen.

✔ Das Wasser ist zu kalt oder zu warm.

✔ Die Fische sind krank.

Einen sofortigen Teilwasserwechsel sollten Sie auch vornehmen, wenn die Fische

✔ schwer atmend an der Wasseroberfläche hängen,

✔ ziellos im Becken umherschießen.

Prüfen Sie danach den pH-Wert, und neutralisieren Sie langsam das Wasser, wenn es noch notwendig sein sollte.

Ausnahmen von der Regel

Zur Schau gestellte Prachtfarben und »spielerisches« Verhalten sind nicht unbedingt bei allen Arten ein Zeichen des Wohlbefindens. Beim Juwelen-Regenbogenfisch

(*Rhadinocentrus ornatus*) kann es auch bedeuten, daß die Fische an einer Nitrat-Vergiftung leiden. Innerhalb kurzer Zeit zeigen sie dann offensichtliche Atembeschwerden, hängen bald danach, immer

Juwelen-Regenbogenfische (Rhadinocentrus ornatus) sind sehr empfindlich auf schlechte Wasserqualität.

noch prächtig gefärbt, unter der Wasseroberfläche und verenden innerhalb weniger Minuten, wenn Sie keinen Wasserwechsel vornehmen. Die Art reagiert auf eine Verschlechterung der Wasserqualität im Aquarium sehr plötzlich, wenn diese für den Fisch unerträglich wird. Regelmäßige Wasserwechsel und Kontrolle der Wasserwerte sind deshalb bei ihrer Pflege besonders wichtig.

Der Juwelen- und auch der Cairns-Regenbogenfisch (*Cairnsichthys rhombosomoides*) gelten überhaupt als die heiklen Vertreter der sonst so robusten Fischfamilie. Oft überleben sie bereits den Fang in der Natur nicht. Bisher hat man noch keine Ursache für diese bedauerliche Reaktion gefunden. Es muß aber keineswegs immer der Fall sein, und Tiere, die den Fang und Transport überstehen, gewöhnen sich schnell an die Haltung im Aquarium und pflanzen sich ohne weiteres fort.

Auch ungewöhnlich starkes Erschrecken kann zu Todesfällen führen. Ein kleiner Schwarm aus Cairns-Regenbogenfischen, die ich bereits 2 Jahre lang hielt, starb in meiner Anlage innerhalb kurzer Zeit, als ich Schweißarbeiten an einem Aquariumstand vornahm.

Im Gegensatz dazu regte das blitzende Licht des Schweißgerätes andere Regenbogenfische zur gleichen Zeit zum Balzen und anschließendem Ablaichen an. Auch in der Natur kann man Regenbogenfische beim Balzen beobachten, wenn ein Gewitter mit Blitzen und Donnern stattfindet.

DOLMETSCHER

*So kommunizieren Regenbogenfische
mit Artgenossen, aber auch mit Ihnen.*

 *Dieses Verhalten zeigt der
Regenbogenfisch.*

 *Was will der Regenbogenfisch
damit ausdrücken?*

 *So reagiere ich richtig auf
sein Verhalten.*

Das Männchen
des Roten Regenbo-
genfisches macht
Kopfstand vor dem
Weibchen.

Das Männchen
will das Weibchen
zum Ablaichen
bewegen.

Vorsichtig beob-
achten, nicht stören.

 Ein Männchen des Roten Regenbogenfisches balzt vor einem Weibchen.

 Das Männchen will das Weibchen beein-
drucken.

 Vorsichtig beobachten, nicht stören.

 Das Pärchen des Roten Regenbogenfisches
stiebt schwanzschlagend auseinander.

 Sie haben gerade abgelaicht und verwirbeln
nun Eier und Sperma.

 Sie können sich auf Nachwuchs freuen.

 Das Pärchen des Roten Regenbogenfisches schwimmt zitternd nebeneinander.

 Die Fische laichen ab.

 Vorsichtig beobachten, nicht stören.

📷 Ein Männchen des Östlichen Regenbogenfisches umschwimmt ein Weibchen.

❓ Er versucht, es zur Paarung zu bewegen.

❗ Beobachten, aber nicht stören.

Die Männchen des Juwelen-Regenbogenfisches 👉 zeigen Prachtfarben und jagen im Becken umher.

Sie imponieren. ❓

❗ Wenn Sie nur 2 Männchen im Becken haben, kann das unterlegene zu Tode gejagt werden. Deshalb mehrere Männchen halten.

👉 Ein Jungfisch trägt ein Ei am Maul.

❓ Er ernährt sich von Eiern und Larven seiner Geschwister.

❗ Um zu verhindern, daß die Jungfische den Laich fressen, sollten Sie die Eier in einem gesonderten Becken unterbringen.

Die Männchen des Blehers Regenbogenfisches 👉 lassen farbige Streifen von der Schnauze bis zur ersten Rückenflosse pulsierend aufleuchten.

Die Männchen imponieren. ❓

Am Schauspiel erfreuen, aber nicht stören. ❗

📷 Ein männlicher Arfak-Regenbogenfisch zeigt seine Flossen in Normalstellung.

❓ Er hat keinen Grund zum Imponieren, weil kein Artgenosse zugegen ist.

❗ Beobachten Sie den Fisch. Wenn dieses Verhalten anhält, kann der Fisch krank sein.

T I P

Laichverhalten beobachten

Regenbogenfische laichen bevorzugt in den frühen Morgenstunden. Wenn Sie das Laichverhalten beobachten wollen, aber kein Frühaufsteher sind, gibt es einen Trick: Stellen Sie die Zeitschaltuhr in Ihrem Aquarium so ein, daß die Beleuchtung dann angeht, wenn Sie Zeit und Muße haben zuzuschauen.

Dieser Trick funktioniert allerdings nur, wenn sich das Aquarium an einem Platz befindet, wo es tagsüber dunkel ist.

Fortpflanzung in der Natur

Regenbogenfische sind Dauerlaicher. Das bedeutet, daß sie in der freien Wildbahn das ganze Jahr über ablaichen, solange es die Wasserqualität in ihren Lebensräumen zuläßt. Wenn durch die ständige Verdunstung des Wassers die darin enthaltenen organischen Stoffe und Mineralien eine zu hohe Konzentration annehmen, stellen die Fische das Laichen ein.

Füllt sich dann das Gewässer nach einem Regenguß plötzlich wieder mit Wasser und der ganze Bach, Fluß oder See erwacht zu neuem Leben, dann dauert es meist nicht sehr lange, bis auch die Fische wieder an Fortpflanzung denken.

Mit dem frischen Wasser und den oftmals dadurch verursachten weitreichenden Überschwemmungen kommen auch neue Nährstoffe in das Gewässer, die für eine Wiederbelebung der Futterkette sorgen. Algen und winzige Lebewesen (Plankton) vermehren sich schlagartig und sorgen für ein reiches Futterangebot für die schlüpfenden Larven und unzähligen Jungfische, die 1 bis 3 Wochen nach Beginn der Regenfälle erscheinen.

Da Regenbogenfische von jetzt an fortlaufend laichen, bilden frisch abgelegte Eier, schlüpfende Larven und auch jüngere Fischlein einen Teil der Nahrung ihrer älteren Geschwister. Erwachsene Regenbogenfische vergreifen sich nach meinen Erfahrungen allerdings nur selten an ihrem Nachwuchs.

Die Zucht daheim

Wie in der freien Natur können Sie auch zu Hause im Aquarium beobachten, daß nach einem Wasserwechsel, das heißt nach einer Wasserverbesserung, die Regenbogenfische sofort mit ihrem Balzspiel und dem Laichverhalten beginnen.

Hinweis: Im Laufe vieler Jahre habe ich gelernt, daß Regenbogenfische und auch Schmetterlings-Ährenfische von Blitzen beim Fotografieren zum Balzen und folgenden Ablaichen angeregt werden. Diese Tatsache nutze ich seitdem bei der Fischfotografie aus.

Die Zucht von Regenbogenfischen ist keineswegs schwierig und auch für den Aquarienneuling möglich. Auch die Aufzucht der Jungfische der meisten Arten ist kaum problematisch. Allerdings müssen dazu einige Grundbedürfnisse und Bedingungen erfüllt sein:

✔ Sie sollten am besten 3 Männchen und 2 Weibchen in Ihrem Becken halten (zur Unterscheidung der Geschlechter, → Seite 55).

✔ Da viele Jungfische Kannibalen sind, sollten Sie für die Larven und Jungfische Verstecke anbieten, wie Wurzeln oder Schwimmpflanzen, zum Beispiel Sumatrafarn.

✔ Wenn Sie züchten wollen, sollten Sie nur solche Arten zusammen im Becken halten, die sich nicht sehr ähnlich sind. Dadurch verhindern Sie, daß es Kreuzungen gibt. Dies ist im Sinne des Artenschutzes notwendig.

Voraussetzungen zur Zucht

Obwohl Regenbogenfische im aquaristischen Sprachgebrauch als Dauerlaicher bezeichnet werden, ist dies natürlich nur bedingt richtig. Sie laichen nur selten ganztägig, sondern in der Regel in den ersten Morgenstunden. Nicht alle Weibchen laichen unbedingt an fortlaufenden Tagen. Viel hängt von deren körperlicher Verfassung und ihrer Bereitschaft zum Laichen ab. Das müssen Sie bei der Zucht im Aquarium berücksichtigen.
Männchen in gutem Zustand sind jeder Zeit zur Paarung bereit, solange die Wasserqualität ihnen zusagt.

Die Zuchttiere

Das ideale Zuchtgespann besteht aus mindestens 3 etwa gleich großen Männchen mit 2 Weibchen. Die Fische beginnen bald nach dem Einsetzen in das Zuchtbecken mit der Balz und dem Laichen.
Je nach Verfassung der Weibchen kann man sie mehrere Tage im Becken belassen. Zeigen sie Ermüdungserscheinungen, werden alle Tiere am besten aus dem Zuchtbecken entfernt und die Geschlechter für eine Weile bei guter Fütterung getrennt gehalten.
Wenn Sie die Eier dem Zuchtbecken entnehmen, reicht es aus, die Geschlechter mit einer Scheibe oder einem anderen Material im Becken zu trennen, bis die Weibchen wieder laichwillig sind.

Geschlechter unterscheiden

Viele Regenbogenfischarten verändern ihre Körperform mit zunehmendem Alter beträchtlich. Das gilt besonders für die Männchen, die je nach Art sehr hochrückig werden können.

✔ Die Männchen unterscheiden sich von den Weibchen auch durch kräftigere Farben und ausgezogene Strahlen der ersten Rückenflosse. Die zweite Rückenflosse und die Afterflosse sind bei vielen Arten vergrößert, beide sind nach hinten zugespitzt.
✔ Bei den Weibchen ist der hintere Rand der zweiten Rückenflosse und der Afterflosse abgerundet.
Bei manchen Arten sind die Geschlechtsunterschiede in der Färbung und Beflossung extrem.

Hauptbeschäftigung Balz

Der interessanteste und aufregendste Teil im Fortpflanzungsverhalten von Regenbogenfischen ist ohne Zweifel das Balzspiel. Hierbei zeigen sich beide Geschlechter in ihren schönsten Farben. Die Männchen sind allerdings weit intensiver gefärbt. Zudem stellen die Männchen der meisten Arten dabei einen leuchtenden Streifen

Im Kopfstand zeigt ein Regenbogenfisch-Männchen einem Weibchen den Laichplatz.

zur Schau, der wie eine Neonreklame ein- und ausgeschaltet werden kann. Dieser sogenannte Balzstreifen reicht von der Oberlippe bis in die vorderen Strahlen der ersten Rückenflosse und kann, je nach Art, schneeweiß, gelb, orange, rostrot oder auch hellblau gefärbt sein. Soweit bekannt, zeigen auch die Weibchen mancher Arten bei der Balz diesen Streifen, allerdings weit schwächer.

Nicht alle Regenbogenfische zeigen diesen Balzstreifen. Dazu gehören alle Formen des Großflossen-Regenbogenfisches, alle bekannten Formen, die dem Eacham-See-Regenbogenfisch nahestehen sowie die Arten Parkinsons, Großer und Inland-Regenbogenfisch. Von einigen Vertretern dieser Formen ist bekannt, daß die

Ein Pärchen des Roten Regenbogenfisches (Glossolepis incisus) nähert sich dem Laichplatz im Gewirr der Pflanzenstengel.

Männchen eine schwache Farbänderung der obersten Schuppenreihe auf jeder Körperseite vornehmen können, die über die ganze Körperlänge reicht. Von einem Balzband kann jedoch nicht gesprochen werden.

Den Laichplatz zeigen

Männchen der Arten, die das Balzband zeigen, umschwimmen ihre umworbenen Partnerinnen mit weit gespreizten Flossen in ruckender Weise. Sie vollführen oft regelrechte »Kopfstände«,

wobei das pulsierende Band immer dem Weibchen zugewandt ist. Mit diesem Verhalten versuchen sie nach und nach, das Weibchen an den ausgewählten Laichplatz zu locken.
Bis auf den Kopfstand ist das Balzverhalten der Männchen ohne Balzstreifen gleich.

Der Laichplatz

In der freien Natur kann er sich im Dickicht der Pflanzen, zwischen freigespülten feinfiedrigen Wurzeln von am Ufer wachsenden Bäumen, Algenpolstern oder ähnlichem befinden.
Alle Arten, die das Balzband (→ Seite 56) zur Schau stellen, laichen - soweit bekannt - immer an dunkleren, versteckten Plätzen. Regenbogenfische, die das Balzband nicht zeigen, scheinen dagegen offene besonnte Laichplätze nahe der Oberfläche zu bevorzugen.
Im Aquarium werden meist Wasserpflanzen mit fein zerteilten Blättern oder künstliches Laichsubstrat angenommen.

Das Ablaichen

Ist ein Weibchen laichwillig, dann folgt es dem Männchen zum jeweiligen Laichplatz. Die Fische schwimmen eng Seite an Seite. Den Austritt der Eier und Samen erkennen Sie daran, daß die Fischkörper und Flossen für einige Sekunden vibrieren. Danach schießen die Fische blitzschnell auseinander und wirbeln dadurch die ausgestoßenen Eier und das Sperma durcheinander. Je nach Art und körperlicher Verfassung der Weibchen werden 2 bis 3 oder auch 200, seltener gar 300 Eier auf diese Weise abgegeben.
Die Eier sind mit langen, sehr dünnen Fädchen versehen, die sich am Laichsubstrat verankern. Die Fädchen ziehen sich spiralig zusammen und ziehen die Eier so dicht an das Substrat heran. Die 1 bis 2 mm großen, runden Eier können je nach Art klar oder leicht milchig erscheinen.

Checkliste
Richtig züchten

1 Für beste Zuchtergebnisse benötigen Sie mindestens 3 etwa gleichgroße Männchen und 2 Weibchen.

2 Zucht- und Aufzuchtbecken sollten mindestens 1 m lang sein.

3 Das Wasser im Zuchtbecken sollte mit frischem, abgestandenem Wasser gefüllt sein, das die gleiche Temperatur hat oder 2 bis 3° C wärmer ist als im Schaubecken.

4 Die Wasserhärte sollte möglichst etwas geringer, der pH-Wert gleich sein wie im Schaubecken.

5 Ein Innenfiltersystem ist wünschenswert, aber nicht notwendig. Ohne Filter müssen Sie belüften.

6 Benutzen Sie feinfiedrige Wasserpflanzen, feine Wurzeln oder besser »Laichmobs« (→ Seite 58) aus brauner Kunstwolle als Laichsubstrat.

7 Untersuchen Sie die Pflanzen oder Mobs täglich auf Eier.

Künstliches Laichsubstrat

Als Laichsubstrat haben sich aus brauner Kunstwolle gefertigte »Mobs« besonders bewährt, die an einem Schwimmer, zum Beispiel Kork, befestigt sind. Sie können leicht aus dem Zuchtbecken entfernt, täglich auf Eier geprüft und, falls erwünscht, in ein getrenntes Aufzuchtbecken überführt werden. Die Fäden sollten bis auf den Boden reichen, da viele Regenbogenfische bevorzugt unten ablaichen.

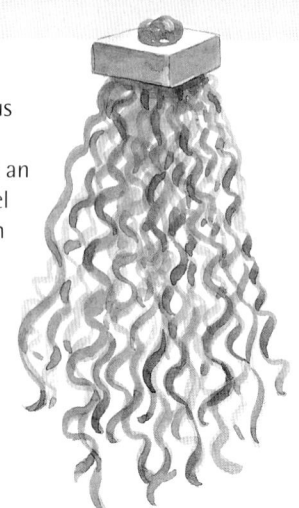

Gezielte Jungenaufzucht

Im Aquarium werden sich Regenbogenfische auch ohne großes Zutun des Halters fortpflanzen, und einige Jungfische schaffen es immer, erwachsen zu werden. Wollen Sie gezielt Nachwuchs, dann müssen Sie gewisse Voraussetzungen schaffen:

✔ Die Fische sollten zu diesem Zweck in ein spezielles Zuchtbecken gesetzt werden. Dieses sollte auch für kleine Arten nicht zu eng bemessen sein, da die Balz und Paarung sehr platzaufwendig sein können und die Fische Raum zum Schwimmen brauchen. Die besten Erfahrungen habe ich mit mindestens meterlangen Zuchtbecken gemacht.

✔ Frisches, abgestandenes Wasser, dessen Temperatur nicht unbedingt höher sein muß als die in dem Becken, in dem die Zuchttiere leben.

✔ Als Bodengrund eignet sich wenig Kies, besser ist eine Schicht Muschelgrus.

✔ Ein kleiner Innenfilter reicht meist aus.

✔ Als Laichsubstrat können feine Wasserpflanzen, wie Javamoos, Sumpffreund oder Tausendblatt, verwendet werden. Auch andere Pflanzen, feine Wurzeln oder ähnliches werden angenommen.

✔ Unterschlupfmöglichkeiten in Form von Wurzeln oder ähnlichem, wo sich die Fischlarven verstecken können.

Fütterung der Jungen

Sobald die Fischlarven an der Wasseroberfläche sichtbar sind, sollten sie sofort mit

Entwicklung der Jungen

Die Larven schlüpfen je nach Art und Wassertemperatur nach 4 bis 14 Tagen aus den Eiern. Sie besitzen einen stark reduzierten Dottersack, füllen ihre Schwimmblase innerhalb von 12 Stunden und können dann als winzige »Striche« direkt unter der Oberfläche schwimmend beobachtet werden. Bei guter Fütterung wachsen die Jungfische in den ersten Wochen recht schnell, und kleine Arten sind in wenigen Monaten erwachsen. Große Arten brauchen jedoch 2 bis 3 Jahre, um voll ausgewachsen zu sein. Die meisten Arten sind aber bereits fortpflanzungsfähig, wenn sie ein Drittel ihrer endgültigen Körpergröße erreicht haben.

wenig Futter, das an der Oberfläche treibt, gefüttert werden. Dazu eignet sich zum Beispiel kommerzielles Jungfisch-Staubfutter oder gar feingeriebenes Flockenfutter ganz hervorragend. Auch speziell für Jungfische entwickelte flüssige Nahrung können Sie erfolgreich verfüttern. Natürlich können Sie den Jungfischen zur Ergänzung auch kleines Lebendfutter anbieten.

Zunächst geeignet sind beispielsweise:

✔ Infusorien, winzige einzellige Lebewesen, die Sie vorher angesetzt haben. Als Zuchtansatz nehmen Sie würfelzuckergroße Stücke Steckrübe, trocknen sie im Backofen und pulverisieren sie. Das Rübenpulver in ein Glas mit Wasser geben. Dieses stellen Sie an einem schattigen Ort unbedeckt auf. Nach etwa 1 Woche haben sich die Infusorien entwickelt. Man füttert sie mit Bananenschale.

✔ Nauplien, die Larven der Salinenkrebschen: Die trockenen Eier können Sie im Zoofachhandel kaufen. Geben Sie die Eier in Salzwasser (auf 1 l Wasser etwa 20 g Meersalz), und lassen Sie das Glas bei etwa 25° C stehen. Eine Durchlüftung ist notwendig. Nach 1 bis 2 Tagen schlüpfen die Nauplien.

✔ Essigälchen, etwa 2 mm lange Fadenwürmer, die in gärenden Flüssigkeiten leben.

Wichtig: Auf keinen Fall dürfen Sie Ihren Jungfischen Hüpferlinge (*Cyclops*) verfüttern. Sie ernähren sich räuberisch und fallen im Zuchtbecken die Larven und Fische an.

Passen Sie die Futtergröße dem Wachstum der Fische an. Mit zunehmender Größe sollte das Futter immer abwechslungsreicher werden.

Wie oft füttern?

Larven und Jungfische sollten am besten häufiger, dafür weniger gefüttert werden. Diese Ideallösung ist in der Praxis in den meisten Fällen nicht durchführbar.

Ich empfehle deshalb, je einmal morgens und abends zu füttern.

Laichpflege

Holen Sie das Laichsubstrat aus dem Wasser, drücken das Wasser etwas aus und untersuchen Sie die einzelnen Stränge. Die Eier sind leicht zu erkennen, da sie zu zweit oder mehreren zusammenkleben. Die Eier schützen Sie vor Eierraub, indem Sie das Laichsubstrat in ein separates Becken setzen.

Es ist sehr wichtig, die Wasserqualität in den Aufzuchtbecken ständig zu prüfen und öfter Wasserwechsel vorzunehmen. Dabei müssen Sie vorsichtig vorgehen. Wollen Sie ernsthaft züchten, dann brauchen Sie mehrere Aufzuchtbecken, um den Nachwuchs nach Größe sortieren zu können. Jungfische aller Arten von Regenbogenfischen betätigen sich als Kannibalen (→ Seite 53), sie fressen den Laich und stellen kleinen Fischen nach.

Die halbfett gesetzten Seitenzahlen verweisen auf Farbfotos und Zeichnungen.

Imponierende Männchen des Pracht-Regenbogenfisches (Melanotaenia trifasciata). Körperlänge 10 cm.

Adressen

• Verband Deutscher Vereine für Aquarien- und Terrarienkunde e.V. (VDA), Geschäftsstelle: Hans und Ingrid Stiller, Luxemburger Str. 16, D-44789 Bochum
Hinweis: Der VDA gibt Auskunft über aktuelle Adressen von Aquarienverbänden in Ihrer Umgebung, hilft weiter bei Vermittlung von Kontakten (z.B. Hilfe bei Fischkrankheiten, Beschaffung von seltenen Fischen).

• Bundesverband für fachgerechten Natur- und Artenschutz e.V. (BNA), Postfach 1110, D-76707 Hambrücken
Hinweis: Dachverband der Vereine und Verbände der privaten Tierhalter. Vertritt deren Interessen v.a. bei Belangen der Artenschutzgesetzgebung.

• Internationale Gesellschaft für Regenbogenfische (IGR), Geschäftsführer: Andreas Deutrich, Rather Str. 53, D-52353 Düren

• Österreichischer Verband für Vivaristik und Ökologie, Landesverband Niederösterreich, Richard Pfister, Langenlebarnerstr. 50, A-3430 Tulln

• Verband Zoologischer Fachgeschäfte der Schweiz VZFS, Güterstr. 199, CH-4053 Basel

Fragen zur Aquaristik beantworten

Ihr Zoofachhändler und der Zentralverband Zoologischer Fachbetriebe Deutschlands e.V., D-63225 Langen, Tel. 06103/910732 (nur telefonische Auskunft möglich)

Bücher, die weiterhelfen

(falls nicht im Buchhandel, dann in Bibliotheken erhältlich)

• Allen, G. R.: *Faszinierende Regenbogenfische.* Tetra Verlag, Melle.

• Mayland, H. J.: *Regenbogenfische.* Philler Verlag, Minden.

• Schliewen, U.: *Aquarienfische. Mein Heimtier.* Gräfe und Unzer Verlag, München.

• Schmida, G.: *The Cold-blooded Australiens.* Doubleday, Sydney.

• Stadelmann, P.: *Das Aquarium.* GU Aquarien-Ratgeber. Gräfe und Unzer Verlag, München.

Zeitschriften, die weiterhelfen

DATZ (vereinigt mit aquarien-magazin) Aquarien- und Terrarien-Zeitschrift Eugen Ulmer Verlag GmbH, Stuttgart

Das Aquarium Birgit Schmettkamp Verlag, Bornheim

Aquarium heute Aquadocumenta Verlag GmbH, Bielefeld

TI Magazin Tetra Verlag GmbH, Münster

Der Autor und Fotograf

Gunther Schmida ist seit über 40 Jahren Vivarianer und Fotograf aus Leidenschaft. Seine besonderen Interessen gelten der Fisch-, Frosch- und Reptilienfauna Australiens und Neuguineas. Regenbogenfische liegen ihm dabei besonders am Herzen. Er ist der Co-Autor des ersten vollständigen Buches über australische Süßwasserfische sowie Autor/Fotograf eines umfassenden Werkes über die oben erwähnte Fauna. Seine Artikel/Fotos erscheinen in Magazinen weltweit, so auch in der DATZ.

Die Zeichnerin

Renate Holzner arbeitet als freie Illustratorin. Ihr breites Repertoire reicht von Strichzeichnungen über fotorealistische Illustrationen bis hin zur Computergrafik.

Dank

Autor und Verlag danken den vielen Freunden und anderen gleichgesinnten Aquarianern, ohne deren selbstlose Hilfe dieser

Ratgeber nicht zustande gekommen wäre. Besonders zu danken ist in Australien Terry Adams, Dr. Gerald Allen, Neil Armstrong, Barry Beck, Ron Bowman, Steve Brooks, Wayne Buglar, Rob Carroll, Adrian Dawson, Dr. Bruce Hanson, Gordon Hydes, Peter Krauss, Ray Legget, Gary Lenehan, Brian und Glenn McGregor, Keith Martin, Robert Pulvirenti, Dean Sampson, Ken Shaw, Heinz Staude, Adrian Tappin, Rob Wager, Dave Wilson und vielen anderen Mitgliedern der ANGFA (Australia New Guinea Fish Association). In Deutschland ist zu danken Dr. Jürgen Clasen und Norbert Grunwald von der Internationalen Gesellschaft für Regenbogenfische sowie Heiko Bleher in Italien.

Wichtige Hinweise

In diesem Ratgeber sind elektrische Geräte für die Aquarienpflege beschrieben. Beachten Sie unbedingt die Hinweise auf Seite 33 und die Sicherheitsvorschriften der Hersteller, da es sonst zu schwerwiegenden Unfällen kommen kann.
Lassen Sie vor Anschaffung eines großen Aquariums die Belastbarkeit des Bodens am vorgesehenen Standort prüfen.
Wasserschäden durch Glasbruch, Überlaufen oder Leckwerden des Beckens können nicht immer vermieden werden. Schließen Sie daher unbedingt eine Versicherung ab (→ Seite 11).
Fischmedikamente und andere Mittel zur Behandlung der Fische und des Wassers sind vor Kindern zu sichern. Ätzende Chemikalien dürfen nicht mit Augen, Schleimhäuten oder Haut in Berührung kommen. Im Falle ansteckender Krankheiten (zum Beispiel Fischtuberkulose, → Seite 46) die infizierten Fische nicht mit bloßen Händen anfassen oder ins Becken greifen.

Fotos: Buchumschlag und Innenteil

Umschlagvorderseite: Zwei imponierende Männchen des Gescheckten Regenbogenfisches (*Melanotaenia s. inornata*), 10 cm (großes Foto). Pracht-Regenbogenfisch (*Melanotaenia trifasciata*) vom Goyder River (kleines Foto).
Umschlagrückseite: Zwei Männchen des Boesemans Regenbogenfisches (*Melanotaenia boesemani*). Körperlänge 10 cm.
Seite 1: Imponierendes Männchen des Sepik-Regenbogenfisches (*Glossolepis multisquamatus*). 9 cm.
Seite 2/3: Männlicher Bulolo-Regenbogenfisch (*Chilatherina bulolo*) aus dem Erap-Fluß. 7 cm.
Seite 4/5: Zwei Männchen des Großen Regenbogenfisches (*Mela-*

An unsere Leserinnen und Leser

Wir freuen uns, Ihre Meinung zu diesem TierRatgeber zu erfahren. Bitte schreiben Sie uns, wenn Sie Berichtigungen und Ergänzungsvorschläge haben oder wenn Ihnen etwas besonders gut gefällt.

Gräfe und Unzer Verlag
Redaktion Natur
Stichwort:
TierRatgeber
Postfach 86 03 66
D-81630 München

notaenia duboulayi) vom Kangaroo Creek imponieren. 8 cm.
Seite 6/7: 10 cm großes Männchen des Östlichen Großflossen-Regenbogenfisches (*Melanotaenia s. splendida*).

Seite 64: Männchen des Östlichen Großflossen-Regenbogenfisches (*Melanotaenia s. splendida*) aus dem Chlohesy-Fluß, Nordostaustralien.

Impressum

© 1998 Gräfe und Unzer Verlag GmbH, München. Alle Rechte vorbehalten. Nachdruck, auch auszugsweise, sowie Verbreitung durch Bild, Funk und Fernsehen, durch fotomechanische Wiedergabe, Tonträger und Datenverarbeitungssysteme jeder Art nur mit schriftlicher Genehmigung des Verlags.

Redaktion:
Anita Zellner
Lektorat:
Angelika Lang
Umschlaggestaltung und Layout:
Heinz Kraxenberger
Zeichnungen:
Renate Holzner
Herstellung:
Heide Blut/
Gabie Ismaier
Satz:
Heide Blut
Produktion:
Fotolito Longo
Druck und Bindung:
Stürtz

ISBN 3-7742-3152-4

Auflage 4. 3. 2. 1.
Jahr 2001 2000 99 98

1 Sind Regenbogenfische auch für Anfänger geeignet?

Nein. Obwohl die meisten Arten sehr robust sind, sollte etwas Erfahrung vorliegen.

2 Sind Regenbogenfische für Gesellschaftsbecken zu empfehlen?

Sie können ohne weiteres mit Aquarienfischen ähnlicher Größe und Temperament zusammengesetzt werden.

3 Sind sie anderen Fischen gegenüber aggressiv?

Männchen aller Arten können während der Balz untereinander sehr streitsüchtig sein (→ Seite 50).

4 Wäre es besser, sie im Art- oder Spezialbecken zu pflegen?

Nicht alle. Das kommt auf Ihre Interessen an. Kleine und die als empfindlich geltenden Arten kommen dort besser zur Geltung.

5 Kann man Arten verschiedener Größe zusammen halten?

Nur bedingt. Es ist auf jeden Fall besser, etwa gleich große Arten zu vergesellschaften.

Der Experte gibt Antwort auf die 10 häufigsten Fragen zur Regenbogenfische-Haltung.